EL ALIMENTO DE LA PALABRA

Nuevo Testamento y Eucaristía
en la Iglesia Primitiva

SCOTT HAHN

EL ALIMENTO
DE LA PALABRA

Nuevo Testamento y Eucaristía en la Iglesia Primitiva

Segunda edición

EDICIONES RIALP
MADRID

Título original: *Consuming the word: The New Testament and the Eucharist in the Early Church*

© 2013 *by* SCOTT HAHN WALKER
Publicado por acuerdo con Image Books, un sello de Crown Publishing Group, una división de Random House, Inc.
© 2024 de la versión española realizada por ELENA ÁLVAREZ, *by* EDICIONES RIALP, S. A.,
Manuel Uribe 13-15 - 28033 Madrid
(www.rialp.com)

Preimpresión: MT Color & Diseño, S. L.

ISBN: 978-84-321-6769-0
Depósito legal: M-9683-2024
Impreso en Anzos, S. L., Fuenlabrada (Madrid)

Al Cardenal Timothy Dolan, buen pastor
y pionero de la Nueva Evangelización

ÍNDICE

GUSTAD Y VED:
UNA PALABRA INTRODUCTORIA

En mis años de estudiante, los libros eran la principal inversión de un intelectual. Por «libros» entiendo ese producto de papel, encuadernado y con cubiertas, también dotado de una amplia variedad de texturas, colores y aromas.

Antes de quedar ocultos bajo la marea de dispositivos electrónicos, hubo un tiempo en que llenaban estanterías que ocupaban paredes completas, hasta el techo, en las casas de profesores y escritores. Constituía un auténtico placer contemplarlos en filas, con toda su variedad de colores y volúmenes.

Por lo que a mí respecta, mi consumo de libros rozaba la glotonería. En ese tiempo, antes de las bases de datos *online*, recorría librerías y mercadillos a la caza de ofertas. Solía enviar tarjetas a los comerciantes de libros raros, en las que les comunicaba mis "necesidades". Durante mis viajes de trabajo, gastaba en libros el dinero destinado a la comida, y los devoraba entre reunión y reunión, en los medios de transporte y en las salas de espera. Leía donde fuera y como fuera. Llevado por este deseo, era capaz de renunciar incluso al sueño.

Esta costumbre mía dio lugar a bromas amistosas entre mis numerosos familiares. Cuando alguno de mis parientes me pedía que hiciera un recado, sabía que debía dejarme tiempo para darme una vuelta por alguna que otra librería. Cuando nos trasladamos de Illinois a Ohio, los transportistas tuvieron que cargar cientos de cajas de libros, además de dar un rodeo por rutas en las que evitar las multas por sobrecarga.

Consumiendo palabras, había acumulado algo de peso, y se veía. Se puede ver todavía. Quienes vienen a mi casa siempre se dan una vuelta por la biblioteca, que ahora contiene decenas de miles de libros y ocupa una planta entera de una casa grande en Steubenville, Ohio.

La mayoría de los libros que tengo son de teología, por lo que se puede decir que la mayor parte de las palabras que consumo son palabras (*logoi*) sobre Dios (*Theos*). A medida que iba devorando esos libros por centenares, más cuenta me daba de que, de forma bastante curiosa, remitían a algo que estaba más allá de su contenido. Apuntaban a una comida.

¿Por qué me resultaba extraño? Sabía que Jesús también había sido devorador de libros. Había sido educado en la Ley, en los profetas y la historia de Israel. Pasó el mismo día de su Resurrección interpretando esos libros (cf. *Lc* 24, 27). El hecho de "abrir" la Escritura ese día era una clara afirmación de la importancia de sus libros; pero sobre todo preludiaba su autorrevelación completa «al partir el pan» (cf. *Lc* 24, 30-35). A los discípulos de Emaús se les abrieron los ojos cuando se sentaron a la mesa con Jesús. En Emaús, Jesús cumplió las palabras del Salmo: «gustad y ved qué bueno es el Señor» (*Sal* 34, 8), siguiendo con bastante exactitud este orden.

Cuando comencé a comprar y consumir libros era un católico recién convertido y estudiaba aún el doctorado. Comencé entonces a dirigir un grupo de estudio de la Biblia en mi casa. La mayoría de sus integrantes eran universitarios católicos que desconocían la riqueza sacramental de su tradición. Mi mujer,

Kimberly, protestante por entonces, se quejaba de que mientras nosotros habíamos invertido demasiado tiempo en estudiar el menú, esos jóvenes disfrutaban de la comida.

Como disfrutaban de la comida, estaban mejor preparados para apreciar el menú, y entendían la relación entre ambos. Era un hecho tan patente para los jóvenes que participaban conmigo en el estudio de la Biblia como lo había sido para los discípulos de Emaús. Consumir la Palabra de Dios les despertaba un hambre creciente por la Palabra de Dios.

He escrito otro libro para ayudar al lector a descubrir esa relación entre Eucaristía y Palabra de Dios. Espero que también se consuma con gusto. Esta nueva obra constituye una tercera parte —como en un amplio curso— de mis títulos *La cena del Cordero* y *Letra y Espíritu*.

No he escrito un libro académico, aunque espero que los especialistas también lo encuentren aceptable y útil. Pero tampoco es una lectura para el ocio. Parte de él exige atención, aunque deseo que se encuentre al alcance de lectores profanos e interesados en el tema.

Han pasado varios años desde mi encuentro con el *St. Paul Centre for Biblical Theology*. Esta institución tiene una doble misión: promover la cultura bíblica entre los laicos católicos, y familiarizar con la Biblia a profesores universitarios y al clero. Es el segundo libro que escribo con intención de que su mensaje alcance a los dos tipos de lectores.

«Un hombre dio una gran cena, e invitó a muchos. Y envió a su siervo a la hora de la cena para decir a los invitados: venid, que ya está todo preparado» (*Lc* 14, 16-17)[1].

---

[1] En las citas de textos bíblicos, seguiremos la traducción española de la *Biblia de Navarra* (NdT).

CAPÍTULO 1
EL SACRAMENTO DEL LIBRO

Una antigua tradición cuenta la historia de san Romano el Méloda, que vivió en el siglo VI y que recibe ese sobrenombre porque compuso sus homilías en forma de himnos. El relato describe la forma en que el santo recibió su vocación.

Romano había nacido en Siria. Destacó desde niño por su piedad y su amor a la casa del Señor. Pronto entró al servicio de la Iglesia: al principio, solamente encendía las lámparas y preparaba el incienso para la adoración. Cuando creció, se trasladó a Beirut para continuar sus estudios. Allí fue ordenado diácono.

Era de esa clase de estudiantes que obtienen buenas notas porque sus profesores reconocen sus incansables esfuerzos. Gracias a su celo, logró obtener buenos resultados a pesar de que su capacidad no era muy elevada. Después de tres años en Beirut, se fue a Constantinopla, capital del Imperio, para servir allí a la Iglesia.

Era lo bastante humilde para reconocer sus limitaciones y aceptarlas. En efecto, adoptó el adjetivo "humilde" como una especie de título personal. Sin embargo, anhelaba glorificar a

Dios como los diáconos que cantaban mejor. En aquel tiempo, y especialmente en las iglesias orientales, la música era una parte muy importante de la adoración. Romano se lamentaba de que la calidad musical de los servicios que él dirigía era bastante inferior a la de los servicios dirigidos por sus compañeros.

Pidió a Dios la gracia de que carecía por naturaleza y preparación. Una noche, mientras rezaba, se quedó dormido y la Virgen María se le apareció en el sueño. Llevaba un libro, que le entregó diciendo: «coge el libro y cómelo». Él hizo lo que le decía. Comió el libro. Se despertó inmediatamente, sabiendo lo que tenía que hacer.

Se vistió y fue corriendo a la iglesia. Subió al púlpito y empezó a cantar un sermón sobre el nacimiento de Cristo. Ese canto es considerado hasta hoy su obra maestra, y la primera del conjunto de más de mil homilías en verso (*kontakia*) que compondría durante el resto de su vida. Pasado un milenio y medio, la Iglesia los sigue cantando en las grandes fiestas.

* * *

Consumir la Palabra. Incluso el lector menos experto reconocerá que la aparición a san Romano es un tropo, es decir, una imagen común en la literatura mística. Su prototipo es el encuentro del profeta Ezequiel (*Ez* 2, 9-3, 4) con un ángel celestial:

> «Yo miré y vi una mano extendida hacia mí, y en ella había un libro enrollado. Lo desplegó delante de mí, y estaba escrito de los dos lados; en él había cantos fúnebres, gemidos y lamentos. Él me dijo: "Hijo de hombre, come lo que tienes delante: come este rollo, y ve a hablar a los israelitas". Yo abrí mi boca y él me hizo comer ese rollo. Después me dijo: "Hijo de hombre, alimenta tu vientre y llena tus entrañas con este libro que te doy". Yo lo comí y era en mi boca dulce como la miel. Él me dijo: "Hijo de hombre, dirígete a los israelitas y comunícales mis palabras"».

La historia se repite en el Nuevo Testamento, en el encuentro de san Juan con un «ángel poderoso que bajaba del cielo, envuelto en una nube y con el arcoiris sobre su cabeza. Su rostro era como el sol y sus pies como columnas de fuego» (*Apoc* 10, 1ss):

> «En la mano tenía un pequeño libro abierto. [...] Me acerqué al ángel y le dije que me diera el pequeño libro. Él me contestó: "Toma y devóralo; te amargará las entrañas, pero en tu boca será dulce como la miel". Tomé el pequeño libro de la mano del ángel y lo devoré. En mi boca fue dulce como la miel, pero cuando lo comí se me amargaron las entrañas. Entonces me dijeron: "es necesario que profetices de nuevo contra muchos pueblos, naciones, lenguas y reyes"».

La comida de un libro constituye un episodio extraño y fascinante, sobre todo porque se repite en dos pasajes de la Biblia. No es sorprendente que haya llamado la atención de muchos de los primeros comentaristas cristianos del texto sagrado. Cuando Romano tuvo su visión, hacia el 518 d. C., vivía en un monasterio, por lo que habría escuchado muchas veces la lectura en voz alta de las obras de los grandes intérpretes de la Biblia. Por eso, pocas dudas debió tener sobre el significado de su sueño.

San Hipólito de Roma, uno de los primeros exégetas, autor de extensos comentarios en el siglo III d. C., interpretó el significado del rollo. La escritura por las dos caras «significa los profetas y los apóstoles. La Antigua Alianza estaba escrita por un lado y el Nuevo Testamento en el otro»[1]. Además, el rollo es símbolo de «una enseñanza secreta y espiritual... Leer el exterior lleva a comprender el interior». Existe un vínculo entre la Antigua y la Nueva Alianza, pero solo puede verlo quien consume el libro.

---

[1] HIPÓLITO DE ROMA, *Fragmento 3*; recogido en *Ancient Christian Commentary on Scripture, Old Testament,* volumen XIII, InterVarsity Press, DownersGrove (IL), 2008, p. 19.

Según san Jerónimo, la visión de Ezequiel tiene un significado especial para los predicadores: «no podemos enseñar a los hijos de Israel si no comemos antes ese libro abierto»[2].

Una generación después de Romano, san Gregorio Magno sintió la misma atracción hacia el texto del profeta, que meditaba continuamente. Además de Papa y reformador de la liturgia, Gregorio era también un gran exégeta. En su *Comentario a Ezequiel,* escribió de este pasaje: «lo que el Antiguo Testamento ha prometido, el Nuevo Testamento lo ha cumplido; lo que aquel anunciaba de manera oculta, este lo proclama abiertamente como presente. Por eso, el Antiguo Testamento es profecía del Nuevo Testamento; y el mejor comentario al Antiguo Testamento es el Nuevo Testamento»[3].

El significado del texto resultaba patente para los Padres, desde Hipólito y Jerónimo a Romano y Gregorio. La salvación nos llega por medio de una Alianza (también conocida por su sinónimo «testamento», del latín *testamentum*) y es necesario consumir esa alianza para poder compartirla.

* * *

Para un católico, tanto del siglo I como del XXI, los tropos de la literatura mística remiten a los sacramentos. Es el sentido de los ejemplos que he propuesto hasta el momento. Los textos apocalípticos de Ezequiel y de Juan son ricos en imágenes litúrgicas. La obra de Ezequiel está muy ligada al Templo, Juan contempla a la vez el cielo y la historia en términos de una liturgia sacrificial: hay altares y sacerdotes, cálices e incensarios, trompetas e himnodia; y todo culmina en un banquete

---

[2] JERÓNIMO, *Comentario a Ezequiel,* 1.3.1.
[3] GREGORIO MAGNO, *Homilías sobre Ezequiel,* 1, 6, 15. Citado por Benedicto XVI, Exhortación Apostólica Postsinodal *Verbum Domini,* n. 41.

18

sagrado. En los dos pasajes, el rollo es consumido en el contexto de una experiencia de adoración celestial.

Tanto en el relato de Juan como en el de la vida de Romano destacan algunos matices eucarísticos. Los dos hombres reciben una invitación a «tomar» y «comer», dos verbos que aparecen en los relatos de la institución de la Eucaristía (cf., por ejemplo, *Mt* 26, 26) desde el siglo I d. C.[4] Reciben verbalmente la alianza, y toman esa «palabra» para comerla a modo de alimento.

En el siglo III d. C., el gran teólogo alejandrino Orígenes establecía una analogía entre la proclamación de la Escritura y la comunión sacramental:

> «Tú, que estás acostumbrado a tomar parte en los divinos misterios, sabes, cuando recibes el Cuerpo del Señor, cómo protegerlo con todo cuidado y veneración, para que ni una pequeña partícula se caiga, para que no se pierda nada del don consagrado. Pues sabes, correctamente, que eres responsable si se cae algo por negligencia. Pero si eres tan cuidadoso para conservar su Cuerpo, y con toda razón, ¿cómo piensas que es menos culpable haber descuidado la Palabra de Dios que haber descuidado su Cuerpo?[5]

Para Orígenes, el rollo tiene una cualidad sacramental. Ha de ser entregado y consumido con el mismo decoro e igual atención —incluso con hambre— que el pan eucarístico.

Hay una presencia real en el pan y en la palabra. El Reino se hace presente, junto con el mismo rey, en la proclamación y en el sacramento. Como escribía Benedicto XVI: «renovamos en este sentido la conciencia, tan familiar a los Padres de la Iglesia, de que el anuncio de la Palabra tiene como contenido el Reino de Dios (cf. *Mc* 1,14-15), que es la persona

---

[4] Sobre el significado de estas dos acciones, cf. Gregory Dix, *The Shape of the Liturgy,* Seabury, New York 1982, capítulo 4.

[5] ORÍGENES, *Sobre el Éxodo* 13, 3.

misma de Jesús (la *Autobasileia*), como recuerda sugestivamente Orígenes»[6].

Esta es la verdad que descubrió Romano, de la que tuvieron experiencia también Jerónimo, Gregorio y Juan, y que había sido predicha por Ezequiel. La salvación nos llega a través de una alianza incorporada a una Palabra, una Palabra que se ha hecho carne, y una Palabra que se consume.

Los profetas y videntes nos hablan en imágenes que comunican misterios. En la medida en que somos capaces de comprender esos misterios, hemos de recurrir al uso de palabras para expresarlos. Dios nos hizo de modo que hemos de comunicarnos verbalmente. El Creador de este aspecto de la naturaleza humana también se adapta a él cuando inspira lo que literalmente se llama *hai graphai*, «las Escrituras». En el caso de Ezequiel y de Juan, Dios deja su palabra escrita en un rollo antes de invitarles a consumirla.

Dios se revela y se entrega en el rollo. Pero somos capaces de permitir que algo que ha empezado de forma tan poética acabe por convertirse en jerga común. De esta forma, los términos grecolatinos como «alianza», «testamento», «liturgia» y «Eucaristía», que hacían cantar a nuestros antepasados, se han convertido en palabras comunes, incluso han caído, como con un ruido sordo, en el vocabulario técnico.

Probablemente, el problema no es específicamente moderno, sino más bien una tentación constante. De todas formas, la recuperación de la novedad de esos términos —Nueva Alianza, Nuevo Testamento— se hace más urgente ahora que la Iglesia se embarca en la tarea de una Nueva Evangelización.

La evangelización es un proceso dinámico por el que compartimos con los demás el Evangelio, la buena nueva. Y no podemos dar lo que no tenemos. Ezequiel consumió la pala-

---

[6] BENEDICTO XVI, Exhortación Apostólica Postsinodal *Verbum Domini*, n. 93.

bra de su mensaje profético. También Juan la tomó y la comió. Romano la consumió, la digirió, de forma que se hizo una cosa con él, y así pudo compartir lo que había recibido. Todos ellos conocieron en primer lugar la comunión con la Palabra, y solo después de eso pudieron llevar la Palabra por el mundo.

También nosotros necesitamos gustar aquello que fue objeto de pregustación en Ezequiel, del banquete de Juan y del canto de Romano. Por eso he escrito este libro: para analizar los principales términos del Cristianismo y averiguar el significado que les daban los autores sagrados, los predicadores apostólicos y sus primeros oyentes. Si logramos consumir la Palabra del mismo modo que ellos, seremos transformados igual que los primeros discípulos. Quizá entonces nuestro mundo también se vea reconstruido y renovado, como lo fue el suyo.

CAPÍTULO 2
ANTES DEL LIBRO

Cuando alguien nos pregunta cuáles son los fundamentos de la fe cristiana, solemos responder en términos literarios como por instinto. Les hablamos del «Nuevo Testamento», que identificamos con un libro. Mencionamos también el «Evangelio», con el que designamos una forma literaria, un tipo de biografía sagrada. Usamos estos términos como títulos de textos antiguos, escritos hace varios milenios y fijados en un «canon», es decir, un índice inalterable.

«Nuevo Testamento» es un término fundacional. Su uso más común hoy en día designa la segunda parte de la Biblia cristiana, más corta que la primera, formada por veintisiete libros. Todos y cada uno de ellos son posteriores al ministerio terreno de Jesús, recogen su enseñanza y reflexionan sobre las implicaciones que tiene para la humanidad. Así, «Nuevo Testamento» es el título que el Cristianismo da a su libro más sagrado y con mayor autoridad.

Si «Nuevo Testamento» es un título, es lógico que los cristianos hablen de él en términos literarios. Sin embargo, aquí está el problema. Nada nos dice que el término tuviera ese significado en el siglo I d. C. De hecho, hasta finales del siglo II d. C., la expresión «Nuevo Testamento» no designaba las Escrituras. Solamente a mediados del siglo III d. C. se hace común ese uso. Antes de esa fecha, no se refiere a una obra escrita. Veremos en seguida que su significado era bastante distinto.

Una vez que los autores se pusieron de acuerdo en el título, empezaron a discutir entre ellos qué textos formaban ese libro. Había un consenso bastante amplio en la inclusión de los Evangelios, los *Hechos de los Apóstoles* y la mayoría de las cartas de san Pablo. Pero existían dudas respecto a las llamadas *Epístolas Católicas*, atribuidas a Pedro, Santiago y Juan, la *Carta a los Hebreos* y el Apocalipsis. Además, algunas iglesias incluían en la «Escritura» otras cartas del siglo I d. C., como las atribuidas a Bernabé y Clemente, y el libro apocalíptico titulado *El pastor*, de Hermas de Roma. Hasta el siglo IV d. C. no existe un canon en el que figuren con exactitud los libros de las actuales Biblias cristianas.

La primera generación de cristianos llamaba «Nuevo Testamento» a la realidad central de su fe. Pero la mayoría de esos creyentes —incluidos los dirigentes de la Iglesia— tenía poco acceso a los textos sagrados. No podían apoyarse en un canon establecido. Por otra parte, muy pocas personas tenían acceso a libros de cualquier tipo.

Para los cristianos de hoy, no hay duda de que la vida de esos primeros cristianos es un ejemplo y en cierto sentido una norma de conducta. Si logramos que la Nueva Evangelización tenga éxito, será, al menos en parte, si la hacemos según el modelo de la primera evangelización. Pero, en este caso, el amor a Cristo nos exige que usemos *su* terminología en el mismo sentido que le dieron *sus* creadores.

* * *

Necesitamos una buena dosis de imaginación para comprender a los primeros cristianos. Vivieron en un tiempo muy anterior a los medios de comunicación de masas. Los mensajes no se transmitían de forma electrónica, mucho menos instantáneamente. No había nada parecido a la televisión, la radio, los podcasts, el correo electrónico o Internet. Solamente existía el correo ordinario, por carta, que podía tardar varios meses en llegar al destinatario.

Tampoco había prensa y la producción de libros era muy laboriosa. Se confiaba a unos profesionales especializados y muy bien pagados: los escribas. Pasaban horas y horas trabajando con tinta y pluma, copiando a mano las páginas y cuidando que la letra fuera legible. La copia de un solo libro podía llevar meses, por lo que la posesión de libros solo estaba al alcance de las clases acomodadas y normalmente no tenían más que unos cuantos. Por otra parte, en el mundo grecorromano la educación estaba reservada a las élites y el índice de alfabetización era bajo, así que tampoco había una gran demanda de libros. Podemos decir, sin temor a equivocarnos, que los primeros cristianos jamás imaginaron un mundo en el que la Biblia pudiera encontrarse al alcance de cualquiera, porque se guarda en las habitaciones de los hoteles o se puede consultar por medio de un pequeño aparato electrónico.

En cualquier caso, el cristianismo manifiesta desde el principio una profunda reverencia hacia los textos sagrados: *graphai* en griego, traducido en las lenguas modernas por «Escrituras». La mayoría de los usos de esta palabra en el Nuevo Testamento se refiere a los libros del Antiguo Testamento. Jesús le da este sentido cuando declara: «las Escrituras dan testimonio de mí» (*Jn* 5, 39). San Lucas sigue este uso cuando narra la aparición a los discípulos de Emaús: «Comenzando por Moisés y por todos los profetas [Jesús] les interpretó en todas las Escrituras lo que se refería a él» (*Lc* 24, 27).

Junto a este significado, los escritores del siglo I d. C. parecen indicar que algunos textos de su generación también son Escrituras. Esto supone que los consideraban tan sagrados como la Ley de Israel y los Profetas. Mucho antes de que se formara el canon bíblico, la segunda carta de san Pedro da a los escritos de san Pablo el nombre de *graphai*, «Escrituras», con el mismo término que designaba a las «otras Escrituras», los libros sagrados de Israel (cf. 2 *Pe* 3, 16). Aparte de los libros canónicos, el uso se repite en otras obras del siglo I d. C. atribuidas a Bernabé y Clemente de Roma. Ambos citan el evangelio de san Mateo como «Escritura». Ya a principios del siglo II d. C., san Policarpo de Esmirna designa a los *Salmos* y a la *Carta a los Efesios* de san Pablo como «aquellas Escrituras»[1].

La Iglesia primitiva reconocía como autoridad sagrada aquellos libros que habían nacido de la memoria viviente de los testigos. Los trataban con veneración porque, de alguna forma, tenían su origen en alguno de los apóstoles de Jesucristo. Dentro de ese gurpo de textos, los de Mateo y Juan gozaban de un estatus privilegiado porque sus autores pertenecían al grupo de los Doce. Los evangelios de Marcos y Lucas también eran respetados porque sus autores eran los discípulos más cercanos de Pedro y Pablo.

A mediados del siglo II d. C. resultaba indudable que esos cuatro evangelios, y ninguno más, contenían el relato fiable de la vida terrena de Jesucristo. San Justino, en Roma alrededor del 155 d. C., llamaba a los evangelios «memoria de los Apóstoles»[2]. Subrayaba así su carácter histórico, como testimonios de testigos oculares. Alrededor del 170 d. C., san Ireneo de Lyon comparaba la firmeza de los evangelios con la de

---

[1] Cf. 2 *Clemente* 2, 4; *Bernabé* 4, 14; San Policarpo de Esmirna, *Carta a los filipenses* 12, 1.

[2] San Justino Mártir, *Primera Apología*, 66; *Diálogo con Trifón* 106, 4; cf. 103, 8, y 105, 1.

los puntos cardinales y decía que «el número de los Evangelios no podría ser de ningún modo mayor o menor del que es»[3].

Larry Hurtado, teólogo evangélico especialista en Sagrada Escritura, propone una razón más, muy práctica, para la división del relato en cuatro textos. En su opinión, «el conjunto de los Evangelios [...] incorpora diferentes voces y contenidos»[4]. Aunque los evangelios fueron redactados en lugares y con propósitos diferentes, existía un consenso generalizado sobre su origen apostólico. Al reunirlos, concluye Hurtado, «se produjo un primitivo y deliberado movimiento "ecuménico"» que se concretó en el «esfuerzo por expresar y afirmar cierta diversidad o amplitud dentro de lo que se reconoce como autoridad»[5].

Esas nuevas Escrituras cristianas fueron conservadas y atesoradas; recibieron todo el honor y circularon por el mundo entonces conocido. No pertenecían a ninguna comunidad cristiana en particular, sino a esa realidad que san Ignacio de Antioquía, en el 170 d. C., llamó *katholike ekklesia*[6]. Es decir, pertenecían a la Iglesia universal, a la Iglesia católica.

La investigación reciente sobre la Biblia pone de relieve que esos textos ya eran considerados sagrados e inviolables desde fecha muy temprana. Este reconocimiento es la única explicación posible de la escasez de variantes presentes en las copias conservadas. No se consentía que los escribas introdujeran modificaciones o «mejoras» en la gramática de Juan o en el estilo de Pablo. Cuando copiaban textos apostólicos, se les imponían restricciones mucho mayores que cuando trabajaban

---

[3] San Ireneo de Lyon, *Contra las herejías* 3, 11, 8.
[4] Larry W. Hurtado, "The New Testament in the Second Century: Texts, Collections, and Canon", en J. W. Childers y D. C. Parker, *Transmission and Reception: New Testament Text-Critical and Exegetical Studies*, Gorgias, Piscataway (NJ) 2006, p. 24.
[5] *Ibid.*.
[6] San Ignacio de Antioquía, *Carta a los esmirniotas*, 8.

con las cartas de san Ignacio de Antioquía o los libros de san Justino mártir.

Aunque existía un consenso muy amplio en torno a las Escrituras, ninguna autoridad había impuesto un canon oficial. Los primeros cristianos empleaban habitualmente la palabra «canon», pero le daban un significado distinto del actual. La usaban con el significado literal del original griego, *kanon*, que es «vara de medir» o «lista». Hay que esperar al siglo IV d. C. para que el término se aplique específicamente a la lista de libros de la Biblia.

Los primeros cristianos veían en el término «canon» un compendio de toda la tradición cristiana. Los Padres griegos hacen numerosas referencias al *kanon tes aletheias* (el canon de la verdad) y los latinos a la *regula fidei* (o regla de la fe). Una y otra expresión designan la fe en toda su integridad, que junto a las Escrituras incluye el rito, las costumbres, el orden y la disciplina transmitidos por los Apóstoles.

Podemos concluir que el concepto de canon existía varios siglos antes de la definición oficial del «canon». De modo semejante, también la noción de «Evangelio» es anterior a la designación de cuatro obras literarias como «los Evangelios». Al principio, el Evangelio es simplemente la «Buena Nueva» (*euangelion* en griego) encarnada en Cristo. Lo refleja bien san Marcos cuando recoge que Cristo comenzó su ministerio «predicando el evangelio de Dios». También lo resume el mismo Jesucristo cuando dice que «el tiempo se ha cumplido y el Reino de Dios está cerca» (*Mc* 1, 14-15). Acto seguido, Jesús exhorta a sus oyentes a «convertirse y creer en el Evangelio» que acaba de anunciar.

El contenido del Evangelio es, simple y llanamente, Jesús. Él representa a la vez un cumplimiento y un reinado. Él *es* el Evangelio, mucho antes de que se escribieran los Evangelios. Él mismo *es* el canon, mucho antes de que se creara el canon oficial. Los cristianos predicaron esta Buena Nueva, la proclamaron y la hicieron vida mucho antes de que una sola palabra de ella quedara fijada sobre pergamino o papiro.

* * *

Para comprender el vocabulario de nuestra fe como los primeros cristianos, tenemos que estar dispuestos a dejarnos sorprender por él. Los términos más básicos podían tener otro significado para la Iglesia primitiva. Es más, no podían tener el mismo significado porque es imposible que los primeros cristianos compartieran una cultura literaria universal cuando no era fácil el acceso a los documentos. Lo que sí compartían, en cambio, es la «noticia», el «mensaje», y su «canon» constituía el esquema base de lo que proclamaban.

La Buena Nueva se convertiría en Nuevo Testamento a partir del término empleado por Jesucristo mismo. ¿Pero qué significado le daba? ¿Y qué tiene de *nuevo* ese testamento que quiso establecer?

Una vez más, nuestra investigación debe dirigirse a las fuentes primitivas. Una vez más, hemos de estar abiertos a la sorpresa.

CAPÍTULO 3
EL NUEVO TESTAMENTO
EN EL NUEVO TESTAMENTO

La expresión «Nuevo Testamento» aparece seis veces en los documentos que se reunirían agrupados bajo el título de *Nuevo Testamento* bíblico. Aunque el número no sea elevado, las repeticiones son significativas. ¿Qué querían decir los primeros cristianos al usarla? ¿Qué quería decir Jesús la única vez que la utilizó? Ya que por entonces no era el título de ningún libro, tanto Jesús como sus discípulos debieron elegirlo por su significado. ¿Cuál era?

En el original griego, el término que traducimos por «testamento» es *diathēkē*. La primera traducción de la Biblia judía, conocida como los *Setenta*, elige *diathēkē* como equivalente a la palabra hebrea *berith*. La traducción más precisa de los dos términos a las lenguas modernas sería «alianza». Para las culturas antiguas, la palabra designaba «un amplio medio legal que extendía a otro individuo o a un grupo los cargos y los privilegios propios de la realeza»[1]. Para los judíos del tiempo de Jesús,

---

[1] F. M. Cross, *From Epic to Canon: History and Literature in Ancient Israel*, Johns Hopkins University Press, Baltimore 1998, p. 8.

una alianza creaba un vínculo familiar donde antes no existía relación alguna. Tanto el matrimonio como la adopción eran considerados alianzas.

La forma habitual de ratificar una alianza era un juramento ritual solemne, que se sellaba con un sacrificio de sangre, y a menudo con un banquete. La dignidad que se adquiría con ella comportaba obligaciones y prohibiciones, que normalmente se fijaban por escrito. Se pronunciaban bendiciones sobre aquellos que mantuvieran la alianza, y maldiciones sobre quien se atreviera a violar esta ley. El término original hebreo, *berith,* designaba tanto las relaciones entre seres humanos como el vínculo entre Dios y su Pueblo. Ejemplo de ello son las alianzas que Dios estableció con Noé, Abraham y Moisés.

A veces, el término *berith* designaba ese juramento por el que las partes establecían una alianza o la renovaban. En este sentido encontramos «la alianza de la circuncisión» (*Hech* 7, 8). Las partes de la alianza daban tanta importancia a ese ritual que llegaban a considerarlo una expresión abreviada de su identidad individual y colectiva. San Pablo lo usa en este sentido cuando designa a sus hermanos judíos solamente como «la circuncisión» (*Col* 4, 11).

Berith también podía expresar el amplio conjunto de relaciones, actos, leyes e instituciones que conllevaba el establecimiento de una alianza. Esta acepción señala que la alianza introducía en un nuevo orden a quienes entraban en ella. Por último, *berith* también se identificaba con elementos concretos de la relación de alianza. Por ejemplo, se podía llamar a la Ley de Moisés «el libro de la alianza» (*Ex* 24, 7; cf. también *Sir* 24, 23 y 1 *Mac* 1, 57).

* * *

La expresion «nueva alianza» aparece por vez primera en los oráculos de los libros que, más adelante, los cristianos denominarían «antigua alianza». En su única aparición en ellos se lee: «Mirad que vienen días —oráculo del Señor— en que pactaré una nueva alianza con la casa de Israel y la casa de Judá» (*Jer* 31, 31). Las palabras del profeta Jeremías son *berith chadasha*, que la Biblia griega de los Setenta traduce por *diathēkē kaine*: una «nueva alianza». Evidentemente, este oráculo es el precedente de las apariciones de la expresión en los Evangelios y cartas apostólicas.

Kainē diathēkē se encuentra cinco veces en los escritos apostólicos: *Luc* 22, 20; 1 *Cor* 11, 25; 2 *Cor* 3, 6; y en la *Carta a los Hebreos* 8, 8; 8, 13; y 9, 15. Además, en la *Carta a los Hebreos* 12, 24 aparece una expresión similar, *diathēkē nea*, que también se traduce por «nueva alianza».

El oráculo de Jeremías anunciaba la instauración de una nueva relación familiar, pero que estaría en continuidad con la relación anterior. Es decir, la alianza sería «nueva» pero Dios la inscribiría en las estructuras de la Antigua Alianza: en las casas de Israel y Judá. Sería semejante a la Antigua Alianza en lo relativo a la ley, la realeza y las bendiciones. Pero también sería distinta (cf. *Jer* 31, 32) porque permanecería intacta eternamente. Más adelante, esa novedad se expresaría con el adjetivo griego *nea*, que denota proximidad temporal, pero después se prefirió *kaine*⁻. Este término griego expresa una cualidad de vitalidad y permanencia que distingue totalmente esta alianza. El mismo adjetivo designa el «mandamiento nuevo» de Jesús (*Jn* 13, 34) y la creación de «un cielo nuevo y una tierra nueva» (*Apoc* 21, 1). Se trata de realidades que permanecen siempre «nuevas», incluso miles de años después de su instauración.

Si es así, ¿cómo explicar entonces la preferencia por la expresión moderna «Nuevo Testamento» frente a «Nueva Alianza»? Esa distinción solo se encuentra en las traducciones occidentales, que dependen del latín y de la *Vulgata*. Los cristianos latinos no lograron encontrar en la cultura romana un equivalente exacto de *berith* / *diathēkē*. Por eso escogieron el vocablo latino *testamentum*, que estaba muy asociado al legado: «mi última voluntad y testamento». En la Antigüedad, era frecuente que los testamentos tuvieran la forma de un discurso de despedida, como en el caso de los patriarcas de Israel: Jacob, Moisés, o Josué, por ejemplo. También Jesús actuó así. Ante la proximidad de la muerte, reunían a sus hijos, tribus, o discípulos —con el número doce como constante— para renovar con ellos la alianza e impartir bendiciones sobre el futuro de la «familia» (cf. *Gen* 49; *Deut* 33, *Jos* 23-24; *Jn* 14-17).

En todo caso, la traducción por *testamentum* no es exacta, porque en la cultura que se extiende de Jeremías a Jesús, una alianza tenía más implicaciones que un testamento. De hecho, esa misma cultura era una alianza, porque la ley de Israel, su liturgia y su vida se apoyaban en el vínculo de la alianza.

* * *

Jesús solo usa una vez la expresión que traducimos por «Nuevo Testamento». Pero no se refiere con ella a un legado, ni a un libro; habla de un vínculo sacramental.

El primer testimonio del evento fue escrito unos veinte años después por san Pablo, en su primera *Carta a los Corintios*: «de la misma manera, después de cenar, [Jesús] tomó el cáliz, diciendo: este cáliz *es la Nueva Alianza* [*hē kainē diathēkē*] en mi sangre; cuantas veces lo bebáis, hacedlo en conmemoración mía» (1 *Cor* 11, 25; la cursiva es mía) [2].

Como es lógico, es muy importante lo que Jesús hace y ordena a los presentes, «hacedlo en conmemoración mía». Sus palabras estaban dotadas de la mayor solemnidad, y las pro-

---

[2] En los evangelios de Mateo y Marcos, Jesús dice que el cáliz contiene la «sangre de la alianza» (Mt 26, 28; Mc 14, 24). Es significativo que se trata de la única vez que el término *diathēkē* aparece en estos libros. Por su parte, Lucas sigue a Pablo en el uso del adjetivo «nueva» (Lc 22, 20).

nunciaba en un contexto de gran categoría: el rito sacrificial de la cena de la Pascua y el comienzo de su sagrada Pasión.

También la Iglesia primitiva comprendió perfectamente la importancia del episodio. El relato de la ofrenda del pan y del vino se encuentra en los tres Evangelios sinópticos, así como en la ya citada carta de san Pablo. Como en ella, también san Lucas asocia el cáliz con «la Alianza» (*Lc* 22, 20)

Estos textos definen con claridad el acto ritual con el que fue inaugurado el «Nuevo Testamento». Jesús lo identifica con el Nuevo Testamento, y también sus elementos, los vasos que se usan en él.

Además del oráculo de Jeremías (31, 31), las palabras de Jesús evocan el momento en que Moisés ratificó la alianza de Israel con Dios en el Sinaí. Moisés extendió la alianza a todo el Pueblo por medio de una aspersión ritual con la sangre de animales sacrificados: «esta es la sangre de la alianza que ha hecho el Señor con vosotros» (*Ex* 24, 8).

Igual que Moisés, Jesús inauguró una alianza con la ofrenda de un sacrificio de sangre que compartió con los que pertenecían a la familia de la alianza. En la única ocasión que Jesús usa la expresión «Nuevo Testamento» no se refiere a un texto, sino a un rito y al nuevo orden instaurado mediante ese rito.

Las epístolas católicas confirman la asociación entre «Nuevo Testamento» y «Nueva Alianza». Usan la expresión «Nuevo Testamento» en el contexto de enseñanzas sobre la liturgia, el servicio sacerdotal o la meditación. Siempre hace referencia al ministerio de Jesucristo o al ministerio de la Iglesia.

San Pablo declara que Dios había hecho a los Apóstoles y a él mismo «idóneos para ser ministros de una nueva alianza» (2 *Co* 3, 6). En el griego original, la palabra «ministros» corresponde a *diakonous*, diáconos. En el sentido que le daban los cristianos y judíos del siglo I d. C., y también en las lenguas modernas, el diaconado representa un oficio litúrgico, un ministerio sagrado (cf. 1 *Tim* 3, 8-13).

La *Carta a los Hebreos* hace dos referencias a la Nueva Alianza o Nuevo Testamento. Ambas se encuentran en el capítulo 8, en el contexto de una disertación sobre la superación del sacerdocio sacrificial. Más adelante, la carta presenta a Cristo como «Mediador de una Nueva Alianza» (9, 15) y como sacerdote cuya «sangre derramada... habla mejor que la de Abel» (*Heb* 12, 24). Esa enseñanza, densa en imágenes sacrificiales, se convertiría en punto de referencia para la liturgia eucarística de la Iglesia, la «asamblea [*ekklesia*, iglesia] de los primogénitos» (*Heb* 12, 23) reunidos en el «Monte Sión». Esta última referencia es posiblemente una alusión al lugar donde, según la tradición, Jesús celebró la Última Cena, «en la ciudad del Dios vivo, la Jerusalén celeste», con «miríadas de ángeles» en una reunión festiva (*Heb* 12, 22).

En el documento al que ahora llamamos Testamento, la expresión «Nuevo Testamento / Alianza» aparece siempre en el contexto de enseñanzas sobre la liturgia sacrificial y el oficio sacerdotal. La alianza se equipara a su signo ritual y es administrada por hombres que sirven al culto por designación divina.

* * *

El lenguaje con el cual el Nuevo Testamento habla del «Nuevo Testamento» mismo sugiere el carácter sacrificial. Esto resulta lógico si tenemos en cuenta que el sacrificio constituye la función principal del sacerdocio. Como ya hemos podido observar, el Nuevo Testamento fue ratificado con un derramamiento de sangre, igual que el Antiguo Testamento. Por eso Jesús, y después la *Carta a los Hebreos*, recuerdan que Moisés esparció sangre sobre el Pueblo en el momento de la Alianza.

La muerte de Cristo ha sido el sacrificio de una vez para siempre (*Rom* 6, 10; 1 *Pe* 3, 18). Es el sacrificio de la Nueva Alianza, único e irrepetible. Así ha sido aceptado por los cristianos de todos los tiempos. Pero en este momento, resulta útil que nos preguntemos por qué ha sido así. En otras palabras: ¿qué convirtió la crucifixión de Jesús en sacrificio?

Para un creyente formado en la tradición milenaria de la Iglesia, la respuesta puede parecer evidente. Sin embargo, un judío del siglo I d. C. ni siquiera se plantearía que hubiera una relación entre ambos. En primer lugar, el único lugar para celebrar el sacrificio era la ciudad santa, Jerusalén; pero Jesús fue crucificado fuera de sus murallas. Además, solo se podía ofrecer en un lugar concreto de la ciudad: en el Templo y sobre el altar; y solo podía ofrecerlo un sacerdote de la tribu de Leví. El Calvario, en cambio, era una colina alejada del Templo, sin altar y sin sacerdote.

Cualquier observador de entonces, incluso el más atento, vería en la crucifixión de Jesús solamente un suceso profano, una ejecución romana. Es posible que algún alma compasiva hubiera pensado que la muerte de Jesús era un martirio semejante al de los Macabeos (cf. 2 *Mac* 7). En cualquier caso, nadie lo interpretaría como sacrificio.

Joseph Ratzinger, el futuro Papa Benedicto XVI, coincidía en esta apreciación:

> ¿Cómo podría interpretarse la cruz de Jesús de tal forma que se viera como la realización de lo que se había pretendido en los cultos del mundo, y especialmente del Antiguo Testamento, como cumplimiento de lo que con frecuencia se había distorsionado y nunca se había llegado a lograr realmente? ¿Qué posibilitó, en suma, una transformación espiritual tan enorme de este acontecimiento, que hizo que este, en apariencia, hecho profano por excelencia se convirtiera en la suma de toda la teología cultual veterotestamentaria? [...] Jesús mismo había anunciado su muerte a los discípulos y la había interpretado con las categorías proféticas[3].

---

[3] JOSEPH RATZINGER, *Convocados en el camino de la fe. La Iglesia como comunión*, Cristiandad, Madrid, pp. 101-102.

Lo que convirtió la muerte del Viernes Santo en un sacrificio fue la ofrenda que Jesús había hecho en la Última Cena con sus discípulos, usando términos explícitamente sacrificiales. El primero de ellos es la ofrenda de «cuerpo» y «sangre». En segundo lugar, declaró que esa entrega era su «memorial», con un vocablo (*anamnesis* en griego, *zikkaron* en hebreo) que se usaba en la liturgia sacrificial del Templo. Por último, identificó ese acto con las categorías proféticas, y de forma explícita con la «nueva alianza» anunciada en el oráculo de Jeremías.

Ratzinger señala que este detalle transmitido por el relato bíblico es el fundamento de la teología eucarística de la Iglesia:

> *La interpretación de la muerte de Cristo en la cruz con categorías cultuales* [...] constituye *el presupuesto interno de toda teología eucarística.* [...] Un suceso en sí mismo profano, la ejecución de un hombre de la manera más cruel de todas las posibles, es descrito como liturgia cósmica, como el abrirse del cielo cerrado; como el acontecimiento en el que aquello que, definitivamente y en vano, se había querido y buscado en todos los cultos, se realiza finalmente de forma real[4].

Además, el sacrificio hace que el Nuevo Testamento sea lo que es: «aquí hallamos, con una claridad singular *lo específico del Nuevo Testamento,* aquello por lo que lo Nuevo se sitúa frente a la anterior historia de la alianza, que, de esta forma, vendría a ser el Antiguo Testamento»[5].

Sintetizando lo dicho hasta ahora, podemos decir que, en el texto del Nuevo Testamento, la expresión «Nuevo Testamento» no se refiere a un texto, sino a una acción. No habla de un documento, sino de un sacramento.

---

4 *Ibid.*, 99; cursiva en el original.
5 *Ibid.*, 77; cursiva en el original.

CAPÍTULO 4
EL NUEVO TESTAMENTO DESPUÉS DEL NUEVO TESTAMENTO

Acabamos de analizar el uso que hace el Nuevo Testamento de la expresión «Nuevo Testamento». Ese significado se ve confirmado, al menos de forma implícita, por la forma en que la utilizan los escritores cristianos de los dos siglos y medio siguientes a la generación apostólica.

Los Padres de la Iglesia son los grandes maestros de la Antigüedad. La tradición cristiana custodia su «testimonio» como un gran tesoro. En el ámbito de nuestro estudio, podemos apreciar que el significado que ellos daban a la expresión «Nueva Alianza» es plenamente coherente con el que le daba la generación apostólica.

Sin embargo, hemos de advertir que la locución «Nuevo Testamento» o «Nueva Alianza» no aparece fuera de las Escrituras hasta mediados del siglo II d. C. En cambio, sí se encuentran algunas referencias dispersas que presentan implícitamente dos economías que dependen de una alianza particular con Dios.

Esta convicción se hace patente en fecha muy temprana, en la *Epístola de Bernabé*, del siglo I d. C. La iglesia primitiva aceptaba este texto como autoridad porque lo atribuía a este

Apóstol y compañero de san Pablo. La Alianza constituye un tema recurrente a lo largo de sus páginas, donde se usa con frecuencia *diathēkē*. Aunque la frase «Nueva Alianza» / «Nuevo Testamento» no aparece literalmente, el autor menciona «la Alianza del querido Jesús» y la contrapone a la Alianza de Moisés. La distinción presupone en el autor una convicción de que existía algo «antiguo» y algo «nuevo»[1]. San Pablo manifiesta la misma idea en 2 *Cor* 3, 14.

A finales del siglo II d. C., san Melitón, obispo de Sardes (Sart, actualmente en Turquía) respondía de modo similar a un hombre llamado Onésimo. Este le había pedido una lista de libros fiables. Melitón le envía una relación a la que titula «libros de la Antigua Alianza». Aunque no menciona un «Nuevo Testamento», la referencia al «Antiguo» lleva implícita la noción de otro «Nuevo»[2].

San Ireneo, obispo de Lyon, utiliza la expresión «Nueva Alianza» en varios pasajes de su obra *Contra las herejías*, escrita alrededor del 170 d. C. Explica por extenso el significado de la expresión en el libro 4, capítulo 34, donde rebate los argumentos contra el cristianismo de los marcionitas y de los judíos. El líder de los primeros, Marción, era contemporáneo de Ireneo y fue declarado hereje porque negaba la validez de las Escrituras judías y porque decía que el Dios de Moisés era en realidad un cruel tirano muy alejado del Dios supremo. Por su parte, los judíos rechazaban la predicación cristiana, según la cual Cristo había dado cumplimiento a la Alianza con Israel, porque había establecido una nueva alianza que admitía a los gentiles junto al pueblo judío.

En Ireneo «Nueva Alianza / Nuevo Testamento» designa la economía salvífica, ese nuevo orden cósmico introducido por

---

[1] *Epístola de Bernabé*, capítulo 4.
[2] San Melitón, fragmento transmitido por Eusebio de Cesarea, *Historia Eclesiástica* 4, 26.

el sacrificio de Cristo[3]. Habitualmente no hace explícita la relación entre la alianza y el acto litúrgico, excepto cuando cita el relato evangélico de la Última Cena. Sin embargo, hemos de recordar que un tema constante de Ireneo es la enseñanza de que la cosmovisión cristiana —la comprensión específicamente cristiana de ese nuevo orden— depende radicalmente de la liturgia de la Nueva Alianza. En este sentido, afirma que «para nosotros concuerdan lo que creemos y la Eucaristía», y que «a su vez, la Eucaristía da solidez a lo que creemos»[4].

Una década después, Clemente de Alejandría, líder de la famosa escuela de la ciudad, presentaba la «Nueva Alianza» / «Nuevo Testamento» como economía salvífica, y también la ponía en relación esencial con el culto litúrgico. Jesucristo «ha establecido con nosotros una Nueva Alianza, porque la que pertenecía a los griegos y a los judíos es antigua. Nosotros, los cristianos, le adoramos de una tercera forma. En mi opinión, ha mostrado de modo bastante claro que el único Dios ha sido conocido por los griegos al modo de los gentiles, por los judíos según las costumbres judías, y por nosotros de una forma nueva y espiritual»[5].

El mismo Clemente observa en otro lugar que la esencia del Nuevo Testamento es la Eucaristía. Compara la vida cristiana con un campeonato de atletismo y recomienda a cada creyente que «vaya y confíe su entrenamiento a la Palabra, tomando a Cristo por árbitro del juego, y use el Nuevo Testamento del Señor como guía sobre lo que debe comer y beber»[6].

Más adelante, y con un tono más conmovedor, Clemente declara que la razón por la cual Dios se ha hecho hombre es precisamente el sacramento del Nuevo Testamento: «para esto

---

[3] San Ireneo de Lyon, *Contra las herejías,* 5.33.1.
[4] *Ibid.,* 4.18.5.
[5] San Clemente de Alejandría, *Stromata* 6.5.
[6] San Clemente de Alejandría, *Quis Dives Salvetur* 3.

descendió del cielo. Para esto se vistió de humanidad... Poco antes de derramar su ofrenda, cuando se entregó como rescate, nos dejó un Nuevo Testamento: "os dejo mi amor" (cf. Jn 13, 34). ¿Qué amor es este y por qué es tan grande? Él ha entregado su vida por cada uno de nosotros, una vida que valía el universo entero. Nos pide que hagamos lo mismo unos por otros»[7].

Hasta aquí, hemos sintetizado el uso de la expresión «Nuevo Testamento» hasta finales del siglo II d. C. Para ello hemos recurrido a testigos de tierras lejanas, como Turquía, Egipto y Francia. Hemos constatado que hacen un uso del término coherente y consistente. El padre Theodore Stylianopoulos ha resumido bien esta historia: «hasta el final del siglo II d. C., las expresiones "Antiguo Testamento" y "Nuevo Testamento" no se usaron para los libros sagrados. San Pablo y los primeros cristianos no entendían la Nueva Alianza como un libro ni una recopilación de libros. Era una realidad dinámica, la nueva relación de los creyentes cristianos con Dios, basada en la Persona y en la obra salvífica de Jesucristo»[8].

$$* * *$$

En el cambio del siglo II al III d. C. aparecen las primeras definiciones precisas del Nuevo Testamento, que lo señalan como un grupo de textos limitado y dotado de autoridad. Simultáneamente, aumenta el uso del término latino *testamentum*. Desde el Norte de África, Tertuliano nos ofrece el testimonio más importante. Por su profesión de abogado, tendía a

---

[7] *Ibid.*, 37.

[8] Cf. Theodore G. Stylianopoulos, *The New Testament: An Orthodox Perspective, vol. 1, Scripture, Tradition, Hermeneutics*, Holy Cross Orthodox Press, Brookline (MA) 1997, p. 26. También cf. W. C. van Unnik, "He Kaine Diatheke: A Problem in the Early History of the Canon", en *Studia Patristica*, IV (1961), pp. 212-227.

incorporar términos legales a sus escritos teológicos. Uno de los más habituales es *instrumentum*, un documento legal con el que designa la colección de textos apostólicos. Es frecuente también *testamentum*, término con el que se refiere al conjunto de escritos bíblicos. En una ocasión utiliza las dos palabras en la misma frase, considerándolas sinónimas e intercambiables[9].

Otras veces, designa los escritos apostólicos como "Novísimo Testamento" (*novissimum testamentum*). Este uso de los términos, tan fluido, sugiere que la terminología latina aún no había fijado el título de la colección.

En todo caso, la autoridad de ese conjunto de textos estaba fuera de discusión. Tertuliano ponía en juego toda su habilidad apologética para combatir las herejías de su tiempo con argumentos de la Escritura. Según sus propias palabras, rebatía a sus oponentes con textos «tomados del Nuevo Testamento» como «confirmación de nuesto punto de vista»[10].

A mediados del siglo III d. C., es comúnmente reconocida la autoridad de la exégesis e interpretación de la Biblia realizada por los Padres de la Iglesia. El principal escritor cristiano de lengua griega de entonces, Orígenes, designa y distingue las dos colecciones de libros de la Biblia como «Antiguo Testamento» y «Nuevo Testamento»[11]. Otro escritor en lengua griega, san Hipólito de Roma, habla de «las dos Alianzas»[12]. En latín, san Cipriano de Cartago se refiere a ellas como «las Escrituras, antiguas y nuevas»[13].

Los escritos de los Padres de la Iglesia sugieren que la expresión «Nueva Alianza» o «Nuevo Testamento» solo se empezó a usar como título de una colección a finales del siglo III d. C.

---

[9] Cf. Tertuliano, *Contra Marción*, 4.1.
[10] TERTULIANO, *Contra Práxeas* 15. Cf. Id., *Sobre la Modestia*, 1.
[11] ORÍGENES, *Comentario al Evangelio de san Juan*, 5.8.
[12] SAN HIPÓLITO DE ROMA, *De Cristo y del Anticristo*, 59.
[13] SAN CIPRIANO DE CARTAGO, *Tratado 12 (A Quirino)*.

Antes de esa fecha, los cristianos identificaban «Nuevo Testamento» principalmente con un vínculo familiar, su relación con Dios, que era resultado de una economía cósmica. Sin embargo, este uso dependía a su vez del rito establecido por Cristo cuando ofreció su cuerpo y su sangre. En otras palabras, la reflexión de los Padres de la Iglesia dependía de la Eucaristía.

* * *

Desde el primer momento, todos los Padres coinciden en usar el lenguaje propio de la alianza para describir la Eucaristía, rito al que Jesús había llamado «la Nueva Alianza en mi sangre» (*Lc* 22, 20).

Los estudios bíblicos especializados muestran que Jesús instituyó la Eucaristía con un rito basado en las tradiciones judías para jurar una alianza. George Mendenhall ha demostrado que el relato de la Última Cena en la *Primera Carta a los Corintios* (y en el *Evangelio según san Lucas*) «presupone antiguos patrones de pensamiento y conducta que han permanecido ocultos durante miles de años. Todo indica que Jesús, sus discípulos y la Iglesia primitiva conocían esos esquemas, y que a partir de ellos comprendían que el banquete eucarístico del pan-cuerpo y del vino-sangre que se hacía en "memorial" de Jesús, era en sí mismo el juramento de una (nueva alianza), que se estaba constituyendo»[14].

Jesús se identifica con la ofrenda del sacrificio, al que denomina *memorial*. Con ello, usa el lenguaje propio de un banquete de alianza, de un juramento de alianza y de un sacrificio de alianza. Eligió términos que remitían a esquemas bien cono-

---

[14] GEORGE E. MENDENHALL, *Ancient Israel's Faith and History: An Introduction to the Bible in Context,* Westminster John Knox Press, Louisville, (KY): 2001, pp. 227-29.

cidos por la Iglesia primitiva, que estaba formada principalmente por judíos. Y aquí se encuentra la clave para comprender por qué la Iglesia primitiva describía la Eucaristía con un vocabulario explícitamente sacrificial. En opinión de Mendenhall, es este lenguaje lo que la convierte en una Alianza implícita.

Hacia el año 107 d. C., san Ignacio, obispo de Antioquía, escribió siete cartas durante el viaje bajo custodia militar que lo conducía a Roma para su ejecución. Iban dirigidas a las iglesias que encontraba en su camino, por lo que no fueron concebidas como tratados o ensayos; son más bien exhortaciones. En ellas, pide a los cristianos que sean obedientes y que se mantengan unidos y fuertes frente la persecución. Hace suya la doctrina y la práctica eucarística comunes a todas las iglesias, usando un lenguaje sacrificial para los temas litúrgicos. Define repetidamente a la Iglesia como el *thusiaste¯rion*, palabra griega que designa literalmente el "lugar del sacrificio", refiriéndose con ella al altar o al santuario[15].

Ignacio no es el primer escritor que designa con esos términos la liturgia y sus ministros. Al menos una década antes, dice un Papa del siglo I, san Clemente de Roma, que la principal tarea del obispo es ofrecer la oblación (*prospheretia*)[16].

Un texto anónimo del siglo I d. C., titulado *Didaché* (o *Doctrina de los doce apóstoles*), también designa a la Eucaristía como «el sacrificio» (capítulo 14), y se apoya en el testimonio del profeta Malaquías: «desde la salida del sol hasta su ocaso, mi Nombre es grande entre las naciones y en todo lugar se

---

[15] Cf. San Ignacio de Antioquía, *Carta a los Efesios*, 5, 2; *Carta a los cristianos de Tracia*, 7, 2; *Carta a los cristianos de Filadelfia*, 4.

[16] *1 Clemente*, 44. Sobre la datación temprana de esta carta, cf. J. Herron, *Clement and the Early Church of Rome: On the Dating of Clement's First Epistle to the Corinthians* St. Paul Center/Emmaus Road, Steubenville (OH) 2008. Cf. también Clayton Jefford, *The Apostolic Fathers and the New Testament*, Hendrickson, Peabody, (MA) 2006, p. 18; y J. A. T. Robinson, *Redating the New Testament* (SCM, London 1976, pp. 327ss.

presenta a mi Nombre un sacrificio de incienso y una ofrenda pura; porque mi Nombre es grande entre las naciones, dice el Señor de los ejércitos» (1, 11). La profecía tiene un carácter claramente sacrificial, por lo que los Padres de la Iglesia —san Justino Mártir, Orígenes, san Juan Crisóstomo, san Agustín y san Juan Damasceno— la citan con frecuencia como prefiguración de la Eucaristía[17]. Según algunos estudios recientes, es posible que las secciones rituales de la *Didaché* se hayan escrito antes que los Evangelios[18].

Los primeros Padres llamaban a la Eucaristía «el sacrificio» de la Iglesia. Poco antes del concilio de Nicea (325 d. C.), el obispo e historiador Eusebio de Cesarea precisaba en su obra *Demostración evangélica* el sentido de esta denominación. Presenta la Eucaristía como una realidad prefigurada en la Antigua Alianza que alcanza su cumplimiento en la Nueva Alianza: «ofrecemos al Dios Altísimo un sacrificio de alabanza. En él sacrificamos la ofrenda divina, santa y sacratísima. Según la Nueva Alianza, ofrecemos un sacrificio nuevo y puro»[19].

La Eucaristía era simultáneamente el rito sacrificial requerido por la alianza y la esencia misma de la alianza. Los primeros documentos cristianos dan por supuesto que los ministros de la Iglesia realizan un oficio sacrificial. Los autores no consideraron necesario explicar esa noción, porque los fieles de sus iglesias la habían asumido y la comprendían sin dificultad.

En cambio, el cristiano medio del siglo XXI tiene que acostumbrarse a esta idea. Mendenhall ha señalado que el relato de la institución de la Eucaristía se basa en esquemas de pensa-

---

[17] Sobre estos y otros textos, cf. *Ancient Christian Commentary on Scripture: Old Testament XIV,* InterVarsity Oress, Downers Grove (IL) 2003), pp. 288-296.

[18] Sobre la datación de las secciones litúrgicas de la *Didaché,* cf. Enrico Mazza, *The Origins of the Eucharistic Prayer,* Pueblo, Collegeville (MN) 1995, pp. 40-41; Cf. también, Clayton Jefford, *The Apostolic Fathers And the New Testament,* Hendrickson, Peabody (MA) 2006, p. 20.

[19] Eusebio de Cesarea, *Demostración evangélica,* 1, 10.

miento «arcaicos» que durante miles de años han estado «ocultos». El rito asumido por el Nuevo Testamento depende del Antiguo Testamento. Por decirlo de forma sencilla: la mayoría de nosotros desconocemos las costumbres y la vida diaria de los judíos de Palestina del siglo I.

La causa de que estos esquemas quedaran «ocultos» es que los cristianos tuvieron que traducir el Evangelio a culturas, instituciones y sociedades distintas de Israel. Este proceso, conocido como inculturación, es necesario pero requiere mucho esfuerzo y, a veces, exige pagar un precio. Para facilitar la comprensión, normalmente traducimos a nuestras categorías conceptos antiguos que desconocemos. En el caso de *diathēkē*, el término original se divide en tres palabras latinas: *testamentum*, que significa «última voluntad»; *foedus,* que significa «alianza»; y *pactum*, cuyo significado más común es «tratado». Es necesario usar tres palabras para expresar todo lo que dice el término original en la Escritura.

Abundan los testimonios históricos que afirman que la Iglesia comprendió muy pronto que la Eucaristía es un juramento de alianza. Plinio el Joven, gobernador pagano de Bitinia, en una carta fechada en torno al 111 d. C., describía al emperador Trajano la adoración cristiana como consumir alimentos comunes y pronunciar un juramento[20]. El término que emplea para designar al «juramento» es *sacramentum*, origen etimológico de «sacramento». Esa palabra también se repite con cierta frecuencia en las obras de los Padres latinos.

El cristianismo latino asocia cada vez más la nueva economía al *testamentum* o «voluntad», extendiendo el término tanto al rito como a las Escrituras. Las liturgias latinas más antiguas denominan al rito *calix ... novae et aeterni testamenti* («cáliz del nuevo y eterno testamento»). Pero, aunque se le

---

[20] PLINIO EL JOVEN, *Cartas*, 10, 96-97.

nombra como «voluntad», se entiende que el rito es una promesa de alianza, un *sacramentum*. La dificultad para encontrar palabras adecuadas se debe a que el Nuevo Testamento no se encerraba en las categorías conceptuales del mundo pagano.

A lo largo de la época patrística, la liturgia eucarística es conocida como «el sacrificio». Una noción común que carecería de sentido si no estuviera presente la categoría bíblica de Alianza.

* * *

Es posible que estas reflexiones parezcan algo lejanas, teóricas y académicas, algo así como un ejercicio de semántica. Pero los primeros cristianos no lo veían así. La realidad del *sacramentum-testamentum* era la esencia de su nueva vida en Cristo. Si hoy en día tenemos la impresión de que no es más que un juego de palabras, probablemente se deba a que hemos olvidado el significado original de los principales términos cristianos.

San Cirilo de Jerusalén, en el siglo IV d. C., predicó la mayoría de sus homilías a los conversos al Cristianismo, normalmente adultos recién bautizados. Al igual que san Pablo (cf. 1 *Cor* 8), contrapone la cena sacrificial cristiana a los banquetes rituales paganos. Explica a sus oyentes que, con las promesas bautismales, «renuncias a Satanás, anulando completamente cualquier pacto con él y las antiguas alianzas con el infierno»[21]. Describe los pactos con Satanás con *diathēkē*, la misma palabra que traducimos por «testamento» y por «alianza». Pero la aplica a los ritos: «fiestas de los ídolos» en las que «las carnes, los panes y otras cosas tales se han contaminado por la invocación de los demonios impuros [...] por la invocación de los

---

[21] SAN CIRILO DE JERUSALÉN, *Catequesis Mistagógicas*, 1, 9.

demonios quedan profanados y contaminados»[22]. Esos nuevos cristianos habían roto sus pactos con el infierno en el momento mismo de su entrada en la Nueva Alianza, a la que Cirilo llama «el Paraíso que Dios plantó al Oriente»[23].

Si, a pesar de todo, el lector piensa todavía que estamos hablando de una historia anticuada, le pido que considere las reflexiones de un obispo africano que visitó recientemente a un amigo mío. Decía que el problema más grave de su Iglesia no era la pobreza, ni la enfermedad ni el hambre —aunque su diócesis tenía que hacerles frente—, sino "los pactos que hacen nuestros fieles con los demonios".

La lengua materna de este obispo, que no es occidental, no tiene distinciones que tampoco existen en la Biblia. Por eso, veía la palabra «testamento» como lo que es, un pacto. A la vez, era muy consciente del poder que tiene el Nuevo Testamento para destruir los demás testamentos. En otras palabras, aquel obispo africano conocía el Nuevo Testamento de la misma forma que los Apóstoles y los Padres de la Iglesia.

Añadía que el principal proyecto de su diócesis era la construcción de una casa en la que, por el poder del Evangelio y de los sacramentos, se liberase a la gente de sus pactos con los demonios.

Por último, explicaba que solamente el Nuevo Testamento, bien entendido, tiene el poder suficiente para realizar semejante liberación.

---

[22] *Ibid.*, 1, 7.
[23] *Ibid.*, 1, 9.

CAPÍTULO 5
EL LUGAR ORIGINAL
DEL NUEVO TESTAMENTO

Nuestras reflexiones nos han llevado a concluir que los primeros cristianos no llamaban «Nuevo Testamento» a un libro, sino a la Eucaristía. Jesucristo hizo la ofrenda de su «cuerpo» y de su «sangre» en el contexto cultual de un banquete sacrificial solemne. También usó el lenguaje sacrificial propio de la tradición. Definió la acción que realizaba como «memorial», y pidió a sus acompañantes que repitieran lo que acababan de ver: «Haced esto en memoría mía» (*Lc* 22, 19). Al autorizar al clero para ofrecer como Él su cuerpo y su sangre en memorial, Jesús estaba instituyendo a la vez el sacerdocio cristiano y la liturgia de la Iglesia.

También designó su acción como «Nueva Alianza en mi sangre» (*Lc* 22, 20). De este modo, la definía como Nuevo Testamento, lo cual significa que, en sentido inverso, el Nuevo Testamento no era un texto, sino una acción. Sus palabras fueron «haced esto», frente a «leed esto» o «escribid esto». Cuando se escribieron los Evangelios y las Cartas apostólicas, la Iglesia ya llevaba varias décadas cumpliendo esas instrucciones del Señor. Así, el mismo texto del Nuevo Testamento nos enseña que el Nuevo Testamento era sacramento antes de que también fuera un texto, al menos con una generación de diferencia.

La venida del Espíritu Santo sobre los Apóstoles el día de Pentecostés tuvo lugar en la misma habitación superior donde se había celebrado la Última Cena (*Hech* 2). Desde allí, los Apóstoles llevaron el Nuevo Testamento al mundo, celebrándolo allí donde fueran. Ni la mitad de ellos llegó a escribir libros; es probable que varios murieran antes de podeer leer siquiera algún Evangelio. No obstante, todos recorrieron el mundo y ofrecieron la Eucaristía según el mandato que habían recibido de Jesús.

Una vez puestos por escrito, esos libros describen una Iglesia consolidada, con una vida litúrgica establecida. En realidad, los primeros cristianos conocieron los textos del Antiguo Testamento en sus asambleas litúrgicas. Lo mismo sucedió con los libros del Nuevo Testamento, que fueron escritos para ser proclamados en la liturgia.

Sin embargo, aún no se les daba el nombre de Nuevo Testamento. El grupo de libros no quedó completo hasta finales del siglo I d. C. A finales del siglo II d. C. se les empezaría a llamar «Nuevo Testamento». Recibieron este título de una forma gradual y, una vez más, por su proximidad con la Eucaristía, sacrificio de la Nueva Alianza. Eran libros «canonizados», en el sentido de que eran los únicos aprobados para su lectura en la liturgia eucarística. Se les empezó a llamar Nuevo Testamento precisamente porque eran libros litúrgicos.

* * *

El sacrificio ofrecido en la Última Cena fue consumado en la Cruz. Celebrado «una vez para siempre», había de alcanzar a todos los pueblos, a través de los tiempos, por su re-presentación en la Eucaristía. Los primeros cristianos aprendieron esta secuencia de hechos en las cartas de san Pablo. En su *pri-*

mera carta a los Corintios, después de presentar «el mensaje de la Cruz» (1 *Cor* 1, 18), habla de Cristo como «nuestro Cordero pascual, que fue inmolado» (1 *Cor* 5, 7). Con esto establece una relación entre la Pascua celebrada en la Última Cena y la crucifixión en el Calvario.

Las acciones de Jesús durante la Última Cena transformaron su muerte, de mera ejecución, en una ofrenda. Entregó su cuerpo, que sería destrozado, y su sangre, que sería derramada sobre el «altar» de la Cruz. De este modo, la Última Cena constituyó el primer acto imprescindible en el drama de la Pasión. De modo semejante a la obertura de una ópera, presenta todos los temas que se desarrollarán a continuación, para resolverse en el final.

Al relatar el episodio de la Última Cena, Pablo lo describe con términos sacrificiales (1 Cor 11, 23-25). Cita las palabras de Jesús haciendo eco a las palabras y las obras de Moisés, muchos siglos antes. Un ejemplo de ello es cuando narra que Jesús había llamado «conmemoración» a la cena. En el capítulo precedente, el apóstol de los gentiles ya había contrapuesto la cena cristiana, la Misa, a los sacrificios del Templo (1 *Cor* 10, 18) y también a los sacrificios paganos (1 *Cor* 10, 19-21). Afirma que cualquier sacrificio da origen a una comunidad y a una comunión. Las ofrendas idólatras crean una comunión con los demonios; el sacrificio cristiano, en cambio, es origen de una comunión (verdadera participación) con el cuerpo y la sangre de Jesús (1 *Cor* 10, 16).

En consecuencia, la muerte de Cristo en el Calvario no fue una simple ejecución, aunque brutal y sangrienta. La entrega de sí mismo la transformó en la ofrenda de una víctima pascual intachable. Era el propio ofrecimiento de un sumo sacerdote que se entregaba como víctima por la redención de los demás. Al mismo tiempo, era la ofrenda de una Nueva Alianza, del Nuevo Testamento. «Cristo nos amó y se entregó por nosotros como oblación y ofrenda de suave olor ante Dios» (*Ef* 5, 2).

50

La Eucaristía infundió ese amor en la Iglesia, uniendo el amor de los cristianos al amor de Cristo, y el sacrificio de la Iglesia al sacrificio de Cristo. En este sentido escribe san Pablo: «Os exhorto, por tanto, hermanos, por la misericordia de Dios, a que ofrezcáis vuestros cuerpos como ofrenda viva, santa, agradable a Dios: este es vuestro culto espiritual» (*Rom* 12, 1). Aunque habla de «cuerpos» en plural, en cambio dice «sacrificio» en singular. Con esta elección quiere decir que, aunque los cristianos son muchos, el sacrificio de la Iglesia no es más que uno, porque está unido al sacrificio de Cristo que se ha realizado de una vez para siempre.

Todo esto cumple la voluntad de Jesús al hacer su propia ofrenda y cuando ordenó a sus Apóstoles que repitieran su acción como memorial de su sacrificio: «Haced esto en conmemoración mía» (1 *Cor* 11, 24-25).

* * *

El documento que ahora llamamos Nuevo Testamento presenta el rito llamado Nuevo Testamento como una realidad nuclear en la fe y en la vida cristiana. La Redención realizada por Cristo tiene poco sentido si se separa de la Eucaristía. La Salvación cumplida por Cristo tiene escaso valor al margen de la ofrenda eucarística.

El relato de la institución es el único episodio importante cuya narración se repite en los Evangelios y en las cartas paulinas. San Pablo ha sido el intérprete de Cristo más prolífico, aunque raramente cita al Maestro. En este caso, sin embargo, se detiene en narrar la escena y cita por extenso las palabras del Señor. Es, con diferencia, la cita de Jesús más larga en el corpus paulino. En ella, el Apóstol destaca que él no ha dado origen a la tradición, que solamente transmite una realidad consolidada en el seno de la Iglesia. «Porque yo recibí del Señor lo que os he transmitido: que el Señor Jesús, la noche en que fue entregado, tomó pan...» (1 *Cor* 11, 23).

¿Estaba muy consolidada por entonces esta tradición? Los Hechos de los Apóstoles resumen la adoración de los predecesores de san Pablo: «Perseveraban asiduamente en la doctrina de los Apóstoles y en la comunión, en la fracción del pan y en las oraciones» (*Hech* 2, 42; cf. *Hech* 20, 6-7). Con el paso del tiempo, la Iglesia incluiría esos cuatro elementos en su celebración de la Eucaristía.

El Nuevo Testamento también tiene otras escenas «eucarísticas», posiblemente menos explícitas, pero no menos vívidas. Por ejemplo, san Lucas relata la aparición de Jesús resucitado a dos discípulos en el camino de Emaús. Aunque caminaba junto a ellos, no le reconocieron. Después, «cuando estaban juntos a la mesa tomó el pan, lo bendijo, lo partió y se lo dio. Entonces se les abrieron los ojos y le reconocieron, pero él desapareció de su presencia [...] le habían reconocido en la fracción del pan» (*Luc* 24, 30-35). Es difícil establecer una relación más clara entre este encuentro y la cena narrada dos capítulos antes. Las acciones de Jesús son casi idénticas, recuperan el tema que se había presentado en la obertura y dan un cierre adecuado a la Pasión. El relato de Emaús en san Lucas se convertiría, desde la época patrística, en paradigma de la teología eucarística, porque contiene una apertura de las Escrituras que culmina en la partición del pan.

El evangelio de san Juan presenta este tema teológico en el *Discurso del Pan de Vida* (capítulo 6). Lo repite en el mismo capítulo, de forma a la vez dramática y simbólica, cuando narra la multiplicación de los panes. Los Padres de la Iglesia interpretaron que la transustanciación que tuvo lugar en Caná, cuando el agua se convirtió en vino, era una prefiguración simbólica de la Misa.

Los Evangelios presentan la Eucaristía, instituida la misma noche en que Jesús fue traicionado, como la primera obra del Señor resucitado. Los *Hechos* y las *Cartas apostólicas* la identifican con la prioridad constante del Cristianismo a medida que se extiende de Jerusalén al mundo entero.

* * *

El Nuevo Testamento, entendido como documento, presupone el Nuevo Testamento como sacrificio y como banquete, y depende de él. Durante los últimos cincuenta años numerosos biblistas protestantes han destacado una «procedencia eucarística del Nuevo Testamento», en palabras de Denis Farkasfalvy[1].

Los especialistas reconocen que los documentos a los que llamamos Nuevo Testamento fueron puestos por escrito para ser proclamados en el contexto del sacramento al que llamamos Nuevo Testamento. Estaban pensados para la lectura en voz alta en la asamblea (cf. *Apoc* 1, 3). Por eso emplean una terminología que, en la antigüedad, estaba asociada al sacerdocio, al sacrificio y la liturgia. En ellos se encuentran himnos, doxologías y citas rápidas de fórmulas rituales. Al igual que el significado original de «Nuevo Testamento», el suyo ha quedado oculto bajo siglos de interpretación, traducción y uso homilético. Sin embargo, era evidente para los autores y los receptores originales.

San Pablo empieza su *Primera carta a los tesalonicenses* asegurando a los destinatarios: «Damos continuamente gracias a Dios por todos vosotros, teniéndoos presentes en nuestras oraciones» (1 *Tes* 1, 2). El verbo que traducimos por «dar gracias» es *eucharistoumen*. Por otra parte, en la *Primera carta a Timoteo* ordena la ofrenda de *eucharistias*, término que se traduce normalmente por «acción de gracias». Sus peticiones

---

[1] Esta escuela, iniciada por especialistas como Oscar Cullmann, F. J. Leenhardt, y Ernst Kasemann se mantiene hoy en día, con las obras de John Koenig, Geoffrey Wainwright y Arthur Just.

evocan las acciones de gracias que Jesús pronunció al partir el pan. Los Evangelios le muestran «dando gracias» continuamente, y usan para ello, de principio a fin, diversas formas verbales de *eucharisto*. Véase por ejemplo *Mat* 15, 36; *Mc* 14, 23; *Luc* 2 2, 17; y *Jn* 6, 11 y 6, 23.

Jesús usó estos términos de «acción de gracias» en un contexto cultural donde tenían dos posibles acepciones. La primera designaba las formas de oración, en términos generales, y la segunda especificaba una forma concreta de sacrificio. Con toda probabilidad, el rito sacrificial que más se celebraba en el Tempo de Jerusalén era la *todah*: un sacrificio de acción de gracias en el que se ofrecían pan y vino al Señor. A veces, los judíos del mundo greco-latino traducían *todah* por *eucharistía* como, por ejemplo, en la traducción de la Biblia judía al griego realizada por Aquila, un converso al judaísmo que vivió en el siglo II d. C. y que fue discípulo de Rabbi Akiba[2].

Los lectores del siglo II verían en los términos *todah* y *eucharistia* algo más que expresiones educadas de gratitud. Tanto los judíos como los cristianos les daban connotaciones sacrificiales importantes. La *Midrash* contiene testimonios al menos un siglo posteriores a la caída del Templo, que manifiestan la fe rabínica en que, con la era mesiánica, «cesarán todos los sacrificios, excepto la *todah*. Esta no tendrá fin en toda la eternidad»[3].

---

[2] Sobre la importancia de la *todah* para el judaísmo del Segundo Templo, y su influencia en el Cristianismo primitivo, cf. Hartmut Gese, "The Origin of the Lord's Supper," en *Essays on Biblical Theology*, Augsburg Publishing House, Minneapolis 1981; Harvey H. Guthrie, Jr., *Theology as Thanksgiving*, Seabury, New York 1981; y Jean LaPorte, *Eucharistia In Philo: Studies In the Bible and Early Christianity*, Edwin Mellen, New York 1983), p. 24. Una buena introducción divulgativa a este tema es Tim Gray, "From Jewish Passover To Christian Eucharist: The Todah Sacrifice as Backdrop for the Last Supper", *Catholic for a Reason III: Scripture and the Mystery of the Mass*, eds. Scott Hahn y Regis Flaherty Emmaus Road, Steubenville (OH) 2004, p. 72.

[3] Citado por Gese, "The Origin of the Lord's Supper", cit. p. 133.

¿Quería san Pablo que estos términos eucarísticos se leyeran en sentido sacrificial? No podemos asegurarlo, pero tenemos que estar abiertos a esa hipótesis. La investigación reciente ha aumentado la sensibilidad hacia las formas litúrgicas contenidas en las Epístolas. Separadas del sentido del sacrificio, hubiesen sido incomprensibles para los escritores del siglo I d. C. y para sus lectores. Una investigación cuidadosa sobre los documentos del Nuevo Testamento nos hará descubrir todavía más aspectos del sacramento del Nuevo Testamento.

CAPÍTULO 6
LA IGLESIA DEL NUEVO TESTAMENTO

Jesucristo no escribió: ni un libro, ni un tratado, ni un poema, tampoco una instrucción. La única vez que los Evangelios lo muestran haciendo algo parecido, «se puso a escribir con el dedo en la tierra» (*Jn* 8, 6. 8). Es imposible averiguar qué escribía.

En lugar de divulgar su mensaje a través de los libros, prefirió proclamarlo mediante la predicación y los actos rituales. Además, designó a los hombres que habrían de continuar la proclamación en el futuro. Hasta donde sabemos, en ningún momento pidió a los Doce que escribieran; en cambió sí les dijo que habían de presidir el memorial de su sacrificio (cf. *Luc* 22, 19). También les ordenó predicar, bautizar y hacer nuevos discípulos (cf. *Mat* 28, 19). Los Apóstoles, por su parte, siguieron las indicaciones del Maestro. Menos de la mitad de ellos escribieron algún documento que perdurase más de un siglo. Según nuestros datos, los demás no escribieron absolutamente nada. Aunque los Doce gozaron de un puesto privilegiado en el ministerio de Jesús, más de la mitad de los libros del Nuevo Testamento tuvieron otros autores.

La obra de Jesús y de los Apóstoles no consistía precisamente en la publicación. Su principal tarea era establecer una Iglesia sobre los ministros y los cimientos que había designado Jesucristo (cf. *Mat* 16, 18; *Apoc* 21, 14). La proclamación del Evangelio no necesita de escribas porque consiste principalmente en instituir una comunidad, o una comunión.

San Pablo presenta esta realidad como una verdadera necesidad: «Porque todo el que invoque el nombre del Señor se salvará. ¿Pero cómo invocarán a aquel en quien no creyeron? ¿O cómo creerán, si no oyeron hablar de él? ¿Y cómo oirán sin alguien que predique? ¿Y cómo predicarán, si no hay enviados?» (*Rom* 10, 13-15).

Al igual que los Doce, san Pablo pudo proclamar el Evangelio sin contar con los Evangelios. Sus medios fueron la predicación pública y la liturgia eucarística. Ninguno de ellos podría existir si no estuviera ligado a la presencia de la Iglesia, que designaba a los ministros. Dios siempre llamaba, enviaba y predicaba a través de la Iglesia. Y la Iglesia también era el lugar donde el Nuevo Testamento de Jesucristo quedaba ratificado por un sacrificio, cuya celebración requiere siempre la presencia de un sacerdote que lo oficie.

Esta norma ya existía como principio basilar de la religión bíblica, y por eso mismo se perpetuaría como norma en la Iglesia. Jesucristo tenía mucho interés en garantizar la sucesión, que supone comunicar la Buena Nueva y entregar el Nuevo Testamento. Pero este proceso no se refería tanto a textos e instituciones cuanto a personas. Los Apóstoles proclamaron el Evangelio y «entregaron» los ritos. La palabra «entrega» constituye la raíz del término griego *paradosis* y del latino *traditio*, del que deriva nuestra palabra «tradición». Ya hemos mencionado la transmisión de los sacramentos del Bautismo y la Eucaristía. Hay que añadir ahora la Unción (cf. *Sant* 5, 14), la Confesión de los pecados (cf. *Jn* 20, 23) y el Orden (cf. *Hech* 13, 3). Es significativo que al tratar de un importante tema doctrinal, san Pablo se detenga en subrayar que «os transmití... lo mismo que yo recibí» (1 *Cor* 15, 3; 11, 23).

El teólogo Joseph Ratzinger, futuro Papa Benedicto XVI, destacaba este elemento «personal» del Nuevo Testamento cuando señalaba que las nociones de tradición y sucesión siempre están unidas. En este sentido, escribía que en el Cristianismo, la Tradición «nunca es una transmisión anónima y desnuda de doctrinas; está unida a una persona, se trata de una palabra viviente, que tiene una realidad concreta en la fe»[1]. Añadía que la tradición apostólica y la sucesión apostólica «se definen mutuamente; la sucesión es la forma de la tradición, y la tradición constituye el contenido de la sucesión»[2].

> La sucesión no es en ningún caso asumir ciertos poderes oficiales que después quedan a disposición del ministro. Más bien, consiste en ser introducidos en el servicio de la palabra, con el oficio de dar testimonio de una realidad con la que uno mismo se ha comprometido y que es superior a su portador. De este modo, puede penetrar en esa realidad que ha asumido y se convierte [...] en una voz que permite que la palabra sea proclamada en alta voz por el mundo[3].

Ratzinger observa que este proceso de asimilación otorga «a la palabra viviente que es proclamada un estatus superior al de mera Escritura», lo cual es en sí mismo «un rasgo genuino del Nuevo Testamento»[4]. San Pablo se refería a esta distinción cuando escribía: «Por eso, hermanos, manteneos firmes y observad las tradiciones que aprendisteis, tanto de palabra como por carta nuestra» (2 *Tes* 2, 15).

---

[1] JOSEPH RATZINGER, *God's Word: Scripture, Tradition, Office*, Ignatius Press, San Francisco 2008, p. 23. El libro es una recopilación de artículos, aún no publicados en español.

[2] *Ibid.*, 28.

[3] *Ibid.*, p. 23.

[4] *Ibid.*, 29.

No es que la Escritura tenga poco valor. Más bien, el Nuevo Testamento subordina el documento al sacramento, porque aquel depende de este. San Pablo explica con propiedad su ministerio sacerdotal cuando pone de relieve que Dios «nos hizo idóneos para ser ministros de una nueva alianza, no de la letra sino del Espíritu, porque la letra mata, pero el Espíritu da vida» (2 *Cor* 3, 6). Subraya así que él no ha sido llamado para servir al texto, sino a la alianza, a la que el Espíritu da vida por medio de los sacramentos que Cristo confió a la Iglesia.

La sucesión es un intercambio personal. San Pablo dice que le ha sido «confiado el Evangelio», expresión que repite como su lema en *Gal* 2, 7; 1 *Tes* 2, 4; y 1 *Tim* 1, 11. Dios es el origen de su misión, pero la Iglesia la puso por obra en el momento en que los presbíteros examinaron a Pablo y le impusieron las manos. A su vez, Pablo engendró a sus sucesores de la misma forma, por el mismo rito de ordenación y con idénticos resultados: «Te recuerdo que tienes que reavivar el don de Dios que recibiste por la imposición de mis manos [...] ten por norma las palabras sanas que me escuchaste [...] guarda el buen depósito por medio del Espíritu Santo que habita en nosotros» (2 *Tim* 1, 6; 13-14). La gracia de la ordenación ha dado poder a Timoteo para presidir la adoración de la Iglesia: «Hasta que yo llegue, pon cuidado en la lectura, la exhortación y la enseñanza. No descuides la gracia que hay en ti, que te fue conferida mediante la profecía junto con la imposición de manos del presbiterio» (1 *Tim* 4, 13-14).

Ordena a Timoteo que siga a su maestro, a su vez, en la responsabilidad de asegurar la sucesión: «Lo que me has escuchado, garantizado por muchos testigos, confíalo a hombres fieles que, a su vez, sean capaces de enseñar a otros» (2 *Tim* 2, 2).

Pablo entregaba lo que había recibido, tanto el Evangelio como su ministerio. Comprendía su oficio según las categorías comunes del servicio sacrificial en el Templo de Jerusalén. Era «ministro de Cristo Jesús entre los gentiles, cumpliendo el ministerio sagrado del Evangelio de Dios, para que la ofrenda de los gentiles llegue a ser grata, santificada en el Espíritu Santo» (*Rom* 15, 16). No deja lugar a dudas sobre el carácter litúrgico y sacrificial del ministerio que está describiendo. En la «adoración espiritual» del Nuevo Testamento, los cristianos presentan sus «cuerpos como ofrenda viva, santa, agradable a Dios» (*Rom* 12, 1). Por la sagrada Comunión, están unidos con el sacrificio, «único y para siempre», de Jesucristo.

* * *

La preocupación por transmitir la sucesión y la Tradición, que es constante en las Escrituras canónicas, también fue asumida por los sucesores de los Apóstoles.

Dice la tradición que Clemente de Roma fue discípulo de Pedro y Pablo. Fue presbítero y obispo de Roma en la segunda mitad del siglo I d. C. Fijó el orden de sucesión que había recibido: «Los apóstoles nos evangelizaron de parte del Señor Jesucristo y Jesucristo fue enviado de parte de Dios. Así pues, Cristo viene de Dios, y los apóstoles de Cristo. Una y otra cosa se hicieron ordenadamente por designio de Dios [...] iban estableciendo a los que eran como primeros frutos de ellos, una vez probados en el Espíritu, como obispos y diáconos»[5].

Clemente respeta la tradición y la sucesión porque forman parte del designio sobrenatural de Dios. Añade que producen, como beneficios naturales, la paz y el orden en la sociedad terrena de la Iglesia. «Nuestros apóstoles tuvieron conocimiento [...] de que habría disputas sobre este nombre y dignidad del episcopado, y por eso, [...] establecieron a los hombres que hemos dicho, y además proveyeron que, cuando

---

[5] San Clemente de Roma, *Carta a los Corintios*, 42.

estos murieran, les sucedieran en el ministerio otros hombres aprobados»[6].

Nada de lo que enseña Clemente es nuevo; se trata de una síntesis de las principales enseñanzas de su maestro, san Pablo. San Ignacio de Antioquía, que escribió algunos años después, tiene la misma intención. También obispo, Ignacio considera de gran importancia el orden, el oficio y la autoridad. En su camino hacia el martirio en Roma, escribió siete cartas: seis de ellas están dirigidas a iglesias locales, y la otra a un obispo. En todas da por supuesto que la estructura jerárquica de cada iglesia local respeta el orden establecido por los apóstoles: obispo, sacerdote, diácono. Da por hecho que la vida de cada Iglesia se centra en la Eucaristía. Al igual que Clemente, tenía un conocimiento limitado de los libros que compondrían el Nuevo Testamento, aunque tenía la certeza de poseer el Evangelio del Nuevo Testamento porque lo había recibido de los Apóstoles. Sabía que podía encontrarlo en los sacramentos de la Iglesia católica, especialmente en el sacramento por excelencia del Nuevo Testamento, la Eucaristía: «Me refugio en el Evangelio y en la carne de Jesús, y en los Apóstoles como presbiterio de la Iglesia»[7].

Ignacio veneraba los textos sagrados: «Amamos a los profetas porque su predicación anticipaba el Evangelio»[8]. No veía las Escrituras como una realidad aislada, sino ordenada a «la carne de Jesús», sacramento de la Iglesia y del Nuevo Testamento.

Aunque Ignacio entiende que las Escrituras como documento son sagradas, también considera que presuponen la predicación y que están subordinadas a ella. «Algunos dicen: "no creeré en el Evangelio, si no se encuentra en los archivos".

---

[6] *Ibid.*, 44, 1-2.
[7] San Ignacio de Antioquía, *Carta a los filadelfos*, 5.
[8] *Ibid.*

Les dije que "está escrito..." y me respondieron, "eso habría que probarlo". Sin embargo, para mí no hay más archivo que Cristo. Su Cruz, su muerte y Resurrección, y la fe en Él: esos son los archivos»[9]. Esos archivos no escritos (*archeia*) son custodiados por la Iglesia que, para Ignacio, no es más que una y católica.

Los Padres de las generaciones sucesivas dieron la misma importancia a la tradición y a la sucesión. En el siglo II d. C., san Ireneo de Lyon decía que «la tradición que proviene de los Apóstoles llega a nuestro tiempo por medio de la sucesión de obispos». Destaca la importancia de la Iglesia de Roma, y añade: «Es necesario que cualquier iglesia esté en armonía con esta Iglesia, cuya fundación es la más garantizada». A continuación, cita por orden los obispos de Roma, desde san Pedro hasta san Eleuterio, que por entonces ocupaba el trono pontificio. «Por este orden y sucesión ha llegado hasta nosotros la Tradición que empezó con los Apóstoles. Y esto muestra plenamente que la única y misma fe que viene de los Apóstoles ha sido conservada y transmitida en la Iglesia hasta hoy»[10].

Y así en lo sucesivo, la fe se ha transmitido con continuidad. Los escritores de los siglos siguientes insisten de modo muy similar en la importancia de la sucesión y la tradición. A finales del siglo III d. C., Eusebio de Cesarea comenzaba con estas palabras su monumental obra de historia de la Iglesia:

> Es mi propósito consignar las sucesiones de los santos apóstoles y los tiempos transcurridos desde nuestro Salvador hasta nosotros; [...] y el número de los que en ella sobresalieron en el gobierno y en la presidencia de las iglesias más ilustres, así como el número de los que en cada generación, de viva voz o por escrito, fueron los embajadores de la palabra de Dios[11].

---

[9] *Ibid.*, 8.2.
[10] San Ireneo de Lyon, *Contra las herejías* 3.3.2-3.
[11] Eusebio de Cesarea, *Historia eclesiástica* 1.1.1.

Eusebio reconoce el valor de la sucesión y de la tradición en sus dos facetas de obispo y de historiador.

De Clemente a Eusebio, de Basilio a León, los Padres de la Iglesia sabían —no solo en teoría, sino con el convencimiento de su veracidad— que cada palabra escrita en el Nuevo Testamento presupone la celebración de la liturgia del Nuevo Testamento en la Iglesia del Nuevo Testamento. Los Evangelios, las epístolas y el Apocalipsis se escribieron para poder leerlos en voz alta en la asamblea de la Iglesia. Algunos tienen incluso instrucciones para los lectores (cf. *Apoc* 1, 3; 1 *Tes* 5, 27). Los textos inspirados hablan de la vida ritual de la Iglesia, aunque suelen hacerlo fugazmente, a la vez que tratan temas más importantes. No dan indicaciones sobre problemas a los que los Apóstoles no tuvieron que hacer frente, como las discusiones sobre los sacramentos que llegarían a ser preocupantes siglos después. Por su fidelidad a la tradición apostólica, sus sucesores tampoco encontrarían grandes problemas doctrinales, ni los sucesores de sus sucesores.

CAPÍTULO 7
EL ANTIGUO TESTAMENTO
EN EL NUEVO TESTAMENTO

En el mundo antiguo, el culto era la realidad más próxima a nuestros medios de comunicación de masas. Los libros de la Alianza eran idénticos entre sí, aunque no existía la imprenta ni la producción a gran escala. La razón de su unidad es la proclamación de la Palabra, que constituía un evento solemne, un rito, porque era una liturgia. Era un tiempo reservado al recuerdo, una llamada a mantener vivo en la memoria lo establecido en la Alianza, y una invitación a volver a comprometerse con ella. En la proclamación y los ritos, la Alianza volvía a ponerse por obra en el sentido más tradicional de la expresión, el que había sido transmitido por «nuestros padres» (cf., por ejemplo, *Jn* 6, 31; *Hech* 13, 17).

La continuidad de la Alianza exigía que se creara una forma de comprobar la fidelidad a los Padres (primero a los de Israel, después, a los Padres de la Iglesia). Para ello era imprescindible, a su vez, seguir una estructura fija. Con el tiempo, se dio a este proceso el nombre de «canonización».

Al parecer, los primeros pasos se dieron bastante tiempo antes de Cristo, en el siglo III a. C. Un grupo de judíos de lengua griega que vivían en Egipto tradujo las Escrituras hebreas a su lengua materna. Su proyecto llevaba implícita la convicción de que el número de libros sagrados era limitado y había sido fijado por la Tradición. Dice la leyenda que el equipo que hizo la compilación estaba integrado por setenta traductores; por eso empezó a ser conocida como *versio septuaginta interpretum*, «la traducción de los setenta intérpretes» o, en breve, *los Setenta*. Los Apóstoles, principalmente san Pablo, y los Padres de la Iglesia, citan habitualmente esta versión, porque la consideraban «Escritura». Cuando los libros del Nuevo Testamento hablan de la «Escritura», se refieren a una colección de escritos sagrados ya establecida, limitada, de aceptación común y fácil de comprobar.

Es posible que un cristiano actual piense que lo que acabamos de decir es evidente por sí mismo. Pero si él ve las cosas así es porque llevamos medio milenio conviviendo con los medios de comunicación de masas, porque hace varios siglos que se producen ediciones idénticas que llegan a todas partes en cuestión de semanas o, ya en nuestros días, de segundos.

Los judíos y los cristianos del mundo antiguo carecían de esos medios tecnológicos. No obstante, sus libros sagrados eran excepcionalmente idénticos. Este canon está también implícito en las Escrituras cristianas.

Jesús declaró varias veces que «debe cumplirse en mí lo que está escrito» (*Luc* 22, 37). Para él, «Escritura» significaba una realidad que «no puede fallar» (*Jn* 20, 35). Con esta palabra se refirió a los libros de la Ley (la *Torah*, los cinco libros de Moisés), los Profetas y los Salmos. Vemos que en el camino de Emaús «comenzando por Moisés y por los profetas les interpretó en todas las Escrituras lo que se refería a Él» (*Luc* 24, 27). Cuando los discípulos se dieron cuenta de lo ocurrido, destacaban: «¿No es verdad que ardía nuestro corazón dentro de nosotros, mientras nos hablaba por el camino y nos explicaba las Escrituras?» (*Luc* 24, 32). La escena inmediatamente posterior muestra de nuevo a Jesús cenando con sus discípulos, a quienes una vez más «les abrió el entendimiento para que comprendiesen las Escrituras» (*Luc* 24, 45).

Para los judíos de la generación de Jesús, «las Escrituras» son una historia inconclusa, la narración de una espera. Comunican una gran promesa, integrada por muchas promesas, de cierto evento que tendría lugar en un momento indeterminado del futuro. Las Escrituras que la liturgia de Israel proclamaba en el Templo y en la sinagoga preparaban al Pueblo para la espera del Mesías como rey ungido, para la llegada del reino, de una era de paz, de fidelidad a Dios y a la Ley, y de auténtica adoración.

En este contexto, Jesús podía esperar que sus enseñanzas fueran acogidas sin dificultad, sobre todo por los expertos en la Ley. Al fin y al cabo, Él mismo era la razón por la que se habían dado las Escrituras. De forma bastante sencilla, podía definir las Escrituras como «lo que se refiere a mí» que ahora «llega a su fin» (*Luc* 22, 37). Por tener grabada esa promesa, las Escrituras gozan de una validez perenne.

El anuncio del Nuevo Testamento siempre se hizo a partir del Antiguo Testamento. Un ejemplo de ello es el encuentro de Felipe con el eunuco etíope, mientras este leía el libro de Isaías. «Entonces Felipe tomó la palabra y, comenzando por este pasaje, le anunció el Evangelio de Jesús» (*Hech* 8, 35).

Los Apóstoles comprendieron que Jesús es la clave que da pleno sentido al Antiguo Testamento. Sin Él, las promesas quedan difusas y oscuras. San Pablo dice de sus antepasados judíos: «Hasta el día de hoy perdura en la lectura del Antiguo Testamento ese mismo velo, sin haberse descorrido, porque solo en Cristo desaparece» (2 *Cor* 3, 14).

El velo desaparece en el encuentro con Cristo, que tiene lugar en la Iglesia, y concretamente en su liturgia. San Pedro es un claro intérprete de esta necesidad de la Iglesia como contexto adecuado de interpretación: «Ante todo debéis saber que ninguna profecía de la Escritura depende de la interpretación privada» (2 *Pe* 1, 20). En la generación siguiente, san Policarpo denuncia que la interpretación privada es signo de la presencia de «un hijo de Satanás»[1].

La verdad proclamada por la Iglesia tomó pronto la forma de breves profesiones de fe. Los primeros documentos cristianos contienen algunas de ellas. Todas trazan a grandes rasgos la obra salvífica de Cristo, presentándola como una verdad confirmada por el Antiguo Testamento e interpretada por la Iglesia del Nuevo Testamento. San Pablo escribe a los corintios una de estas primeras profesiones: «Os transmití en primer lugar lo mismo que yo recibí: que Cristo murió por nuestros pecados, según las Escrituras; que fue sepultado y que resucitó al tercer día, según las Escrituras» (1 *Cor* 15, 3-4). Pablo ha recibido y aceptado el Nuevo Testamento por tradición, pero sabe que está confirmado por el Antiguo Testamento, y que lo lleva a plenitud.

En la generación de los Apóstoles, hay una relación estrecha entre Escritura e Iglesia, porque se entiende que son interdependientes, y que cada una es accesible a través de la otra. Las epístolas pastorales del Nuevo Testamento establecen que la Escritura es la fuente autorizada de la disciplina y orden de la Iglesia: «Toda la Escritura es inspirada por Dios y útil para enseñar, para argumentar, para corregir y para educar en la justicia» (2 *Tim* 3, 16). La Escritura ha sido inspirada y tiene toda la autoridad, pero Pablo y Timoteo han recibido de Dios el encargo de aplicar las Escrituras en la «iglesia de Dios vivo, columna y fundamento de la verdad» (1 *Tim* 3, 15).

Los escritos de los Apóstoles ya eran reverenciados por sus contemporáneos. Cuando la *Segunda carta de Pedro* habla de las cartas de san Pablo, se hace manifiesto que les da el mismo valor que a los escritos del Antiguo Testamento: «Así os lo escri-

---

[1] Cf. San Policarpo de Esmirna, *Carta a los Filipenses,* 7; San Ireneo, *Contra las herejías,* 3.3. 4.

bió también nuestro querido hermano Pablo según la sabiduría que se le otorgó, y así lo enseña en todas las cartas en las que trata estos temas. En ellas hay algunas cosas difíciles de entender, que los ignorantes y los débiles interpretan torcidamente, lo mismo que las demás Escrituras, para su propia perdición» (2 *Pe* 3, 15-16).

De esto concluye el biblista protestante Richard Bauckham: «Mucho antes de la fijación del canon, los textos apostólicos ya tenían la categoría de autoridad, por lo que eran considerados adecuados para la lectura en el culto cristiano»[2].

Por el papel que tuvieron en la Iglesia naciente, los Apóstoles dieron al Antiguo Testamento su interpretación definitiva, a la luz de la economía salvífica del Nuevo Testamento. Al hacerlo seguían a su Maestro, que había contemplado las Escrituras como libros que hablaban de Él mismo; que anunciaban, además de su ministerio terreno, también su Iglesia y los sacramentos. Jesús interpretó el *manna* del Antiguo Testamento, dado a los israelitas como alimento en el desierto, como prefiguración del «pan de vida [...] que baja del cielo» (*Jn* 6, 49-50) y que ahora es entregado a la Iglesia. San Pablo enseña que el paso de los israelitas por el Mar Rojo prefiguraba el bautismo (cf. 1 *Cor* 10, 2); el mismo fin que san Pedro da al Arca de Noé (cf. 1 *Pe* 3, 20-21).

Todo el Nuevo Testamento está preanunciado en el Antiguo Testamento. La economía del Nuevo Testamento lleva a plenitud el Antiguo Testamento. Según la expresión precisa de san Agustín, «en el Antiguo Testamento está oculto el Nuevo, y en el Nuevo Testamento queda patente el Antiguo»[3].

Este cumplimiento sigue un esquema bien identificable, porque Dios tiene un modo característico de actuar con la hu-

---

[2] RICHARD BAUCKHAM, *Word Biblical Commentary*, vol. 50: *2 Peter, Jude*, Word, Waco (TX) 1983, p. 333.

[3] SAN AGUSTÍN DE HIPONA, *Cuestiones sobre el Heptateuco*, 2, 73.

manidad, y también la humanidad responde a Dios de forma previsible. Básicamente, todo se resume en creación, caída y redención:

- Dios creó a Adán y Eva; ellos pecaron, pero Dios les dejó con vida y además les prometió un redentor.
- Dios mantiene a salvo al género humano y permite que llene la tierra. Pero los hombres vuelven a pecar. En consecuencia, Dios castiga a todo el género humano, excepto al justo Noé y a su familia.
- Dios convoca un pueblo en Abraham. Pero ellos se dejan caer en la esclavitud en Egipto. Por medio de Moisés, Dios los redime de esa situación.
- Dios dio un reino a las doce tribus. Sus reyes rechazaron el verdadero culto y la justicia social, por lo que merecieron la invasión de su tierra y la condena al exilio. Dios ungió a extranjeros, para que guiaran a los humildes en su regreso a la tierra.

El pueblo elegido por Dios conocía el salario del pecado por sus precedentes en el Edén, en Egipto y en Babilonia. Los primeros cristianos pudieron discernir esos esquemas en la historia de la salvación, al igual que habían hecho los profetas. Las llamadas de Dios les parecían similares a una marca de agua o a una huella de identidad. Los antiguos llamaron a esas prefiguraciones «tipos» —*typoi* en griego—, tomando el nombre de las marcas que llevaban las monedas imperiales o los sellos en cera. En una moneda o en un sello, el tipo representa la autoridad del legislador. En las Escrituras, el tipo es una realidad histórica, pero también representa una realidad superior. Moisés prefiguraba a Cristo, aunque fuera un hombre. El *manna* prefiguraba la Eucaristía, aunque era un milagro. Esto quiere decir que la plenitud del Nuevo Testamento era mucho más que la suma de los tipos presentados en el Antiguo Testamento. La plenitud era nada menos que la presencia misma de Dios: «el Verbo se hizo carne y habitó entre nosotros» (*Jn* 1, 14). En la Iglesia, el estudio y meditación piadosa de los tipos bíblicos recibe el nombre de tipología.

Los autores humanos utilizan las palabras para simbolizar realidades. En la historia de la salvación, Dios usa realidades temporales —reinos y reinados, leyes y guerras—, como símbolos de realidades muy superiores, por su carácter espiritual y eterno.

Por este motivo, en la Misa de los primeros cristianos se leían en voz alta las Escrituras de la Antigua y de la Nueva Alianza. San Ignacio amaba «los archivos» porque anunciaban «el Evangelio». San Justino mártir decía de la Misa que se celebraba en Roma en el 150 d. C.: «Se leen las memorias de los Apóstoles o los escritos de los profetas, tanto tiempo como es posible»[4].

Este era el Evangelio que los Apóstoles proclamaron en todo lugar: la promesa que Dios había hecho en la Ley y los profetas se había cumplido en Jesucristo. «Según las Escrituras» Cristo ha muerto, Cristo ha resucitado y ha sido exaltado, y Cristo volverá de nuevo. Este es el contenido del Evangelio que san Pablo sintetiza en su *Primera carta a los corintios*. Otros textos neotestamentarios presentan síntesis similares del credo. También son abundantes en las obras de los Padres, que hablan de esas confesiones como un «canon de verdad», *kanon tes aletheias*. En griego, el *kanon* era una regla o vara de medir. Por eso, como equivalente, los cristianos de Occidente empezaron a llamar «regla de fe» a sus breves profesiones de fe.

Promesa en el Antiguo Testamento y cumplimiento en el Nuevo Testamento: este era el canon del primer siglo cristiano. La historia y la necesidad asignarían al término otro significado. Todo empezó cuando un cristiano rebelde se negó a integrar el Antiguo Testamento en el Nuevo Testamento.

---

[4] San Justino mártir, *Apología* 1, 67.

CAPÍTULO 8

EL CANON DEL NUEVO TESTAMENTO

Marción era un magnate del comercio marítimo que vivía en la zona del Mar Negro, en la actual Turquía. Recibió una educación cristiana, pero su compleja vida moral fue pronto bien conocida. Como consecuencia de ello, y para su indignación, fue expulsado de la Iglesia. Pero, como ese hecho no era obstáculo para hacer negocio en un mundo predominantemente pagano, Marción logró reunir una gran fortuna como armador de barcos.

Nos encontramos en el siglo II d. C., alrededor del año 140, cuando el Cristianismo tenía algo más de un siglo de vida. La Iglesia se había extendido con rapidez, y el grupo de sus fieles constituía una subcultura pequeña pero importante en muchas grandes ciudades del Imperio Romano. Entre ellas, estaba presente en Roma, que se convertiría en el centro de gravedad de la Iglesia en la tierra.

Marción decidió establecerse en Roma, en el seno de una Iglesia atribulada por las oleadas de persecuciones que padecía desde la época de Nerón. Hizo importantes donaciones a la Iglesia, y así consiguió ganarse el aprecio de algunos de sus líderes. Por ese tiempo, proliferaban en Roma ciertos profesores de moda que no tenían reparo en proclamarse cristianos, aun cuando sus enseñanzas se distanciasen de las de los obispos. Estos supuestos maestros daban más importancia al conocimiento esotérico (*gnosis* en griego) que a la fe, y contraponían el espíritu a la carne.

Probablemente, Marción estuvo expuesto a sus doctrinas, porque en su propia enseñanza se encuentran temas similares, como el rechazo al mundo material y a su creador. Pero la tesis más importante de Marción es la separación entre la Ley y el Evangelio, entre el Dios de la justicia y la creación, y el Dios de la gracia y la redención. Es decir, separa el Dios del Antiguo Testamento del Padre de Jesucristo. Según su doctrina, este Dios revelado en Jesucristo, su Hijo eterno, nos ha liberado del Dios del Antiguo Testamento, con su economía estricta de ley y de justicia. La gracia de la redención significaría que el Dios del Antiguo Testamento, el Creador, y todas las obras de la carne, habrían sido superadas. También el Antiguo Testamento mismo, que para el cristianismo marcionita no sería solo antiguo, sino además obsoleto y desprovisto de autoridad como Escritura.

Para horror de la Iglesia de Roma, Marción hizo públicas sus convicciones religiosas. Pronto recibió la excomunión y se le devolvieron sus donaciones. El acto supuso seguramente una importante privación para la Iglesia, que acababa de dar inicio a sus grandes construcciones.

Marción permaneció impasible. Empleó todos los recursos de su espíritu empresarial en la promoción de su religión. Invirtió con perspicacia, e imitó los ritos y las estructuras de su principal oponente, la Iglesia Católica. Dedicó toda su fortuna a difundir sus ideas. El resultado fue que, diez años después de la excomunión de Marción, san Justino mártir observaba la extensión de la herejía marcionita por todo el mundo.

Probablemente, Marción fue el primero en definir un «canon» de los libros del Nuevo Testamento, cuando publicó una colección de textos titulada *Apostolikon*. Contiene una versión muy reducida del Evangelio de san Lucas y diez epístolas de san Pablo, también depuradas de cualquier referencia positiva a Israel, el judaísmo, o el Antiguo Testamento. La elección del Evangelio de san Lucas responde a que aporta un retrato muy favorable de los gentiles.

Bastantes historiadores creen que la ambición desmedida de Marción obligó a la Iglesia a hacer los primeros esfuerzos para aclarar qué libros habían sido transmitidos por la tradición apostólica, a través de la sucesión apostólica. De hecho, de esta época es la primera lista de libros canónicos conservada, conocida como *Canon Muratoriano*. Posiblemente solo es posterior a Marción en una generación[1]. Pero el canon ha sobrevivido en fragmentos. Su autor anónimo elenca cuatro Evangelios reconocidos, los *Hechos de los Apóstoles*, trece cartas paulinas, dos cartas de san Juan, la carta de Judas y el *Apocalipsis*. Faltan varios libros que hoy en día forman parte del canon: la *Carta a los Hebreos*, la primera y segunda carta de san Pedro, y la de Santiago.

Aproximadamente en los mismos años, san Ireneo establece que solamente hay cuatro Evangelios autorizados. Conocía bien la proliferación de obras espurias de ese género, entre ellas un supuesto «evangelio» atribuido a Judas Iscariote.

Ireneo tenía una autoridad muy alta para hablar de estos temas. Había sido discípulo de Policarpo, que a su vez lo había sido del apóstol san Juan. Poseía una experiencia de la tradición y de la sucesión muy cercana a la fuente histórica. Por otra parte, tenía un conocimiento muy vivo de la catolicidad de la Iglesia, ya que era originario de Oriente y trabajaba en Occidente. En definitiva, era un verdadero hombre de Iglesia,

---

[1] El texto completo del *Canon Muratoriano*, traducido, se encuentra en J. Stevenson (rev. W. H. C. Frend), *A New Eusebius: Documents Illustrating the History of the Church to 337 A.D.*, SPCK, Londres 1987), pp. 123-125. Curiosamente, el *Canon Muratoriano* incluye el *Libro de la Sabiduría*, del Antiguo Testamento, entre los libros del Nuevo Testamento.

sacerdote y obispo en la Galia, a quien el obispo de Roma encomendaba misiones especiales para toda la Iglesia.

En el tiempo de Ireneo proliferaron corrientes heréticas, muy activas, que sembraron error y confusión por todas partes. Es importante notar que todas eran posteriores a la época apostólica, ya que no hay siquiera alusiones a sus doctrinas en ningún lugar de los Evangelios, los Hechos, el Apocalipsis o las Epístolas. No hay pruebas de su existencia en el siglo i d. C., y sus doctrinas también son distintas de la que presentan las fuentes históricas y arqueológicas de la Iglesia; tampoco coinciden con la descripción de la Iglesia que hacen los perseguidores del Cristianismo. Son productos de la imaginación exaltada de un grupo de disidentes algo extravagantes.

Sin embargo, esos «evangelios» se multiplicaron y difundieron con la rapidez de las setas venenosas. La situación exigía que la Iglesia diera una respuesta. En realidad, esta es la única función que tienen las herejías en los planes de la providencia. Como decía san Agustín: «Todo esto redunda en utilidad de los fieles... La duda o controversia que excita el contrario sirve de ocasión propicia para aprender»[2].

* * *

Con todo, es importante observar que ningún autor antiguo titula su elenco de autoridades con la palabra «canon». Hay que esperar bastante, hasta finales del siglo iv d. C., para encontrar la palabra *kanon*, en griego, en el encabezamiento de la lista de libros de la Biblia. Eusebio, que escribe entre los siglos iii y iv d. C., denomina a las Escrituras autorizadas con un término diferente, *diathēkē*[3]. Dice que los escritos reconocidos como autoridad por la Iglesia habían sido «establecidos

---

[2] San Agustín de Hipona, *La ciudad de Dios* 16.2; cf. 18.51.
[3] Eusebio de Cesarea, *Historia Eclesiástica*, 3, 25, 1-7.

en alianza», *endiathekai* en griego. Esto significa que la Iglesia del siglo IV d. C. identificaba los textos sagrados con documentos propios de la alianza o testamento. También eran los únicos libros que se guardaban en los santuarios, en la presencia de Dios, porque eran los únicos que se podían proclamar en la liturgia del Nuevo Testamento.

En realidad, el canon existía bastante antes de que el término designara el contenido de un libro. Los expertos han intentando reconstruir las reglas de la Iglesia primitiva para la autoridad de los textos. Para ello, han registrado los libros citados por escritores antiguos con expresiones que denotan autoridad (por ejemplo, «está escrito»...). Normalmente, el resultado de estos trabajos son unos cánones bastante cercanos al índice de la Biblia actual.

Las listas de textos con autoridad empezaron a hacerse más comunes en el cambio del siglo III al IV d. C. Algunas tenían autores notables, como san Gregorio de Nacianzo, san Cirilo de Jerusalén o Epifanio de Salamina.

El primer testimonio conocido de un canon del Nuevo Testamento idéntico al actual es la *39ª Carta Festal* de san Atanasio de Alejandría, datada en el 367 d. C. Su autor era el teólogo más importante de su tiempo. Atanasio había participado en el concilio de Nicea (325 d. C.) como secretario de su obispo, Alejandro. El concilio le encargó el cálculo de la fecha de la Pascua para la iglesia de Alejandría. Cada *Carta Festal* que escribió era el anuncio oficial anual de la fecha de la Pascua, establecida siempre según el calendario tradicional.

Atanasio solía aprovechar la ocasión para dar a sus fieles una catequesis sobre la fe. En este contexto, en el año 367 les dio el canon del Nuevo Testamento. Su lista coincide perfectamente con el índice de cualquier Biblia cristiana del siglo XXI:

Mateo
Marcos
Lucas

Juan
Hechos de los Apóstoles
Carta a los romanos
Primera carta a los corintios
Segunda carta a corintios
Carta a los gálatas
Carta a los efesios
Carta a los filipenses
Carta a los colosenses
Primera carta a los tesalonicenses
Segunda carta a los tesalonicenses
Primera carta a Timoteo
Segunda carta a Timoteo
Carta a Tito
Carta a Filemón
Carta a los hebreos
Carta de Santiago
Primera carta de Pedro
Segunda carta de Pedro
Primera carta de Juan
Segunda carta de Juan
Tercera carta de Juan
Carta de Judas
Apocalipsis

San Atanasio cierra la lista con estas palabras: «He aquí las fuentes de la salvación, que saciarán a los sedientos con las palabras de vida que contienen. Solo ellas proclaman la doctrina de la divinidad. Nada les sea añadido, nada les sea quitado»[4].

* * *

---

[4] SAN ATANASIO DE ALEJANDRÍA, *Carta festal* 39, 6.

Aunque las listas no concuerdan totalmente en cada detalle, también es verdad que en conjunto manifiestan un consenso entre los cristianos de todo el mundo. El canon establecido por Atanasio en el 367 d. C. fue confirmado muy pronto, por varios sínodos eclesiásticos: Roma en el 362 d. C., Hipona en el 393 d. C. y Cartago en el 419 d. C. Nadie se opuso a la doctrina de Atanasio, por lo que los concilios asumieron su canon sin ponerlo en duda.

La historia pone de manifiesto que la fijación del canon del Nuevo Testamento fue una disposición infalible de la Iglesia. Era la única institución que gozaba de la autoridad suficiente para tomar esa decisión, pasados ya varios siglos desde la muerte del último Apóstol.

Muchos historiadores concluyen que los actos de canonización definitivos, tan tardíos en la historia del Cristianismo, son el resultado de una creciente «conciencia textual». Sin embargo, el parecer de Larry Hurtado es que resulta «más correcto ver la emergencia de una conciencia de autor»[5]. Su observación es acertada, porque el origen apostólico de un texto era un criterio de altísima importancia en el proceso de canonización. Este era semejante al reconocimiento de la autoridad de los obispos, para el cual era igual de importante su origen apostólico. La autoridad de los obispos que se reunieron en Nicea en el 325 d. C. no era totalmente nueva. Antes de que se congregasen, la sucesión apostólica aparecía entre los temas principales de las obras históricas de Eusebio, en la teología contra las herejías de Ireneo, en el testimonio epistolar de Ignacio y en la carta pastoral de Clemente.

A pesar de la fijación del canon, el afán de recortar los documentos del Nuevo Testamento, que había iniciado Mar-

---

[5] LARRY W. HURTADO, "The New Testament in the Second Century: Texts, Collections, and Canon", en J. W. Childers y D. C. Parker, *Transmission and Reception: New Testament Text-Critical and Exegetical Studies*, Gorgias, Piscataway (NJ) 2006, p. 27. La cursiva está en el original.

ción, se repetiría a lo largo de la historia. En el s. XVI, Martín Lutero negaría la pertenencia al Nuevo Testamento de la *Carta a los Hebreos*, las cartas de Santiago y Judas, y el *Apocalipsis*[6]. En los primeros años del s. XIX, Thomas Jefferson concibió su propia «Biblia» según el sistema de Marción, es decir, seleccionando parte del Antiguo Testamento y reduciendo el Nuevo a una filosofía depurada de cualquier elemento sobrenatural. Actualmente existen todavía «cristianos del Nuevo Testamento» que creen en una divinidad supuestamente más amable, más apacible y mansa, distinta del Yahweh del Antiguo Testamento.

Tras los múltiples intentos de reducir el Antiguo Testamento, desde Marción a Jefferson, late un antisemitismo inconsciente, un ánimo contrario al Antiguo Testamento, su Ley y su cultura. Con esto no queremos calificar de intolerantes a quienes creen en estas versiones —la sola idea les horrorizaría— sino solamente señalar la presencia de un sesgo anti-judío en sus convicciones. Esa tendencia no refleja la fe bíblica del Cristianismo primitivo, y tampoco coincide con las fórmulas de fe de los Padres y concilios. A mediados del s. XX, el Papa Pío XI declaró que «espiritualmente, nosotros somos semitas»[7], en el sentido de que Cristo ha rezado con el Antiguo Testamento, ha reconocido su autoridad y siempre ha mostrado veneración hacia él; y ha enseñado a sus discípulos de todos los tiempos a hacer lo mismo.

Esa especie de alergia moderna al Antiguo Testamento es residuo del deseo de Marción de que desapareciera la antigua Alianza para dar paso a un Nuevo Testamento según el gusto

---

[6] Sobre la edición del Nuevo Testamento elaborada por Lutero, cf. Roland Bainton, *Here I Stand: A Life of Martin Luther*, Mentor, New York 1955, pp. 259-261.

[7] Pío XI, *Alocución a los peregrinos de Bélgica*, 6 de septiembre de 1938. Cf. Benedicto XVI, *Encuentro con la delegación judía*, París 12 de septiembre de 2008 (NdT).

individual de cada creyente. Para Marción y para los gnósticos, sus seguidores, el Antiguo Testamento no representaba más que una reliquia de la tiranía del Creador.

La Iglesia, en cambio, considera que el Antiguo Testamento es esencial para el Nuevo, que sin el primero es realmente incomprensible. Ahora y siempre, la regla de la fe dice que Jesucristo murió, resucitó y fue glorificado «según las Escrituras». Esta realidad constituye el corazón de nuestra doctrina, de nuestra adoración y nuestra vida.

CAPÍTULO 9
EL NUEVO TESTAMENTO Y EL LECCIONARIO

En mi época de pastor protestante, nunca leía ni predicaba en los servicios de mi iglesia ciertos libros de la Biblia; por ejemplo, la epístola de san Judas o el libro del profeta Sofonías en el Antiguo Testamento. No era porque los considerase poco importantes; al contrario, los veneraba, porque sabía que eran Palabra de Dios. Simplemente, otros textos de la Escritura me parecían más importantes, más interesantes o tenían mayor relevancia para el mensaje que yo quería transmitir. La *carta de Judas* es muy breve, está llena de curiosidades históricas que requieren explicación, y además mucho de lo que dice se repite casi literalmente en la *segunda carta de san Pedro*. Los oráculos de Sofonías anuncian el Juicio Final y el fin de los tiempos, pero es un «profeta menor», que queda eclipsado por los grandes libros de nombres más ilustres: Isaías, Jeremías, Ezequiel, Daniel.

Una de mis tareas como pastor era elegir el texto de la Escritura para la lectura de cada domingo. Al igual que muchos ministros de mi confesión, solía escoger solo una lectura, casi siempre del Nuevo Testamento. Hubiera sido bastante difícil oír en nuestras congregaciones a Judas o Sofonías, aunque hubiera seguido otros cincuenta años en el ministerio. Normalmente también elegía una lectura adecuada al sermón que quería predicar. Si mi intención era sacar el máximo partido a la retórica —para conmover muchos corazones— solía acudir a las palabras de Jesucristo, a los Evangelios, o a la rica teología paulina. Tenía la costumbre de usar repetidamente algunos textos, mientras pasaba por alto muchas partes de la Escritura, porque no servían para mis propósitos inmediatos o no despertaban mi interés.

Todo esto quiere decir que mi congregación recibía la Biblia según yo se la presentaba. Conocerían lo que yo consideraba una «visión completa de la Biblia», pero en realidad se trataba de un pequeño aperitivo respecto a la totalidad de las Escrituras. Por otra parte, mi costumbre no era nada extraña en el cristianismo evangélico. Me limitaba a seguir los métodos que había aprendido en el seminario y que había intentado mejorar imitando a los pastores que más admiraba.

* * *

Un sacerdote católico no puede hacer una cosa así. Tiene la obligación de hacer lo que dicta la misma tradición que siguieron sus predecesores. Debe leer lo que la Iglesia ha previsto para ese día. Tiene que seguir el *Leccionario*.

El sustantivo «leccionario» deriva del término latino *lectio*, que significa «lectura». En su acepción más estricta, designa un pasaje que ha sido seleccionado para la lectura. Actualmente, usamos esta palabra para nombrar el volumen concreto que se usa en Misa. Sin embargo, los leccionarios antiguos eran listas sencillas de pasajes, llamados lecciones o perícopas, que se habían establecido para la lectura litúrgica de cada día. Tras consultar esa lista, los lectores de la Iglesia proclamaban los pasajes previstos leyéndolos directamente de la Biblia.

Pero no fue la Iglesia quien inventó el leccionario. Según el *Talmud* judío fue Moisés quien empezó a establecer lecturas concretas para el culto. Al parecer, las sinagogas del tiempo de Jesús seguían un ciclo de lecturas que aseguraba la lectura de los cinco libros de la *Torah* en el curso de un año. En cada selección, los textos de la *Torah* iban acompañados por pasajes de los profetas y tal vez también de los *Salmos*. El Evangelio de san Lucas relata que, cuando Jesús se levantó en la sinagoga para hacer la lectura «le entregaron el libro del profeta Isaías» (*Luc* 4, 17). El Señor no eligió el pasaje, le fue «dado» según lo establecido en el leccionario. También la predicación de Jesús, inmediatamente después, se basó en la lectura que había recibido.

Es probable que se tratara de una lectura continua: la selección para ese *Sabbath* empezaba en el punto donde había quedado el *Sabbath* anterior. Pero el leccionario también tenía lecturas especiales para las grandes fiestas —Pascua, Pentecostés y las Tiendas—, en las que se presentaba el contexto histórico o los principales temas para recordar en esa celebración.

Dado que los primeros cristianos eran judíos, es probable que usaran los leccionarios de las sinagogas, incorporando poco a poco, a medida que se producían, los escritos de los Apóstoles. San Pablo manifiesta en sus cartas tener clara conciencia de que sus escritos forman parte de la Escritura inspirada, ya que pide que se lean en voz alta en las asambleas de la Iglesia (cf., por ejemplo *Col* 4, 16 y 1 *Tes* 5, 27). Da instrucciones a las iglesias para que traten esas cartas igual que a los libros de la Ley y los Profetas: «Hasta que yo llegue, pon cuidado en la lectura, la exhortación y la enseñanza» (1 *Tim* 4, 13).

A medida que se difundía este uso de las obras paulinas, y se extendía a las de Pedro, Santiago, Juan, Judas, Mateo y Lucas, ese grupo de textos empezaba a ser conocido como «libros del Nuevo Testamento». ¿A qué responde la elección de este título? Lo más probable es que se deba a la asociación con el sacrificio del Nuevo Testamento. A mediados del siglo II d. C., san Justino relata que las «memorias de los Apóstoles» se leían como preludio de la ofrenda eucarística. Habría parecido natural extender el título propio de la liturgia a los únicos libros aprobados para ser proclamados en ella. Los libros canónicos eran «libros del Nuevo Testamento» porque se proclamaban en la liturgia del Nuevo Testamento.

También el calendario cristiano influyó en la elaboración del leccionario. La Iglesia seleccionó una serie de lecturas específicas para celebrar la Vigilia Pascual, la Pascua cristiana. Cuando comparamos los sermones de los Padres para cada tiempo litúrgico, aunque se pronunciaron en tiempos y lugares muy diversos, encontramos consenso en el uso de las lecturas para cada tiempo y también para las grandes fiestas: Navidad, Epifanía, el Bautismo del Señor, Cuaresma, Adviento, etc. El leccionario cristiano más antiguo conservado data del siglo v d. C. y se atribuye a san Jerónimo, el traductor de la Biblia al latín.

Con el desarrollo del cristianismo, el soporte del texto pasó gradualmente del rollo al *codex*, es decir, a grupos de hojas dobladas y encuadernadas, de formato muy similar a los libros actuales, normalmente elaborados también por cristianos. Aunque ha circulado varios siglos, el códice nunca fue de uso común. Larry Hurtado observa que los cristianos veían en el códice un instrumento muy útil para la liturgia. Se podía marcar, de modo que el lector pudiera saltar fácilmente de una sección a otra. Era fácil dejarlo sobre el altar o en el ambón, o sostenerlo durante la lectura pública. También señala Hurtado que los manuscritos más antiguos de la Biblia tienen algunos rasgos que facilitan la lectura pública: caracteres grandes, espacios para señalar las pausas, interlineados amplios y divisiones muy claras entre las perícopas[1]. Estas últimas servirán de base para las divisiones posteriores de la Biblia en capí-

---

[1] LARRY W. HURTADO, "The New Testament in the Second Century: Texts, Collections, and Canon", en J. W. Childers y D. C. Parker, *Transmission and Reception: New Testament Text-Critical and Exegetical Studies*, Gorgias, Piscataway (NJ) 2006, pp. 10-14.

tulos y versículos. Dice Hurtado que «los manuscritos cristianos, con estos instrumentos de escritura, facilitaban la lectura pública en las iglesias. Por eso, estos breves fragmentos podrían confirmar con las pruebas los relatos del siglo II d. C. (por ejemplo, el de Justino mártir) sobre la práctica litúrgica de leer los escritos del Nuevo Testamento»[2].

* * *

El leccionario actual fue publicado en 1969, pero se apoya en un estudio minucioso que ha durado milenios. Durante todo ese tiempo, los sabios de Israel y los santos de la Iglesia han asignado las lecturas y las han distribuido en tres años. El primer año, o ciclo A, usa el Evangelio según san Mateo, el ciclo B usa Marcos, y el C usa Lucas. Los domingos se leen algunos pasajes importantes del Evangelio según san Juan, como el *Discurso del Pan de Vida*. El cuarto Evangelio también se usa mucho en los días de fiesta, durante la Cuaresma y para cubrir espacios vacíos entre los demás Evangelios, sobre todo en el ciclo B, ya que el Evangelio según san Marcos es muy breve.

Todo esto presupone que se han establecido como mínimo 365 grupos de lecturas litúrgicas para cada año. Además, hay que añadir las lecturas opcionales para muchas fiestas de los santos. Los domingos y festivos tienen cuatro lecturas: normalmente, una del Antiguo Testamento, un Salmo, otra lectura de los libros no evangélicos del Nuevo Testamento (*Hechos*, cartas, *Apocalipsis*), y, por último, una lectura del Evangelio. Con la inclusión de libros del Antiguo y del Nuevo Testamento, agrupados por temas, la Iglesia garantiza que los fieles leamos siempre el Nuevo Testamento a la luz del Antiguo, y el Antiguo a la luz del Nuevo.

---

[2] *Ibid.*, p. 11.

Hay una diferencia abismal entre este sistema y el conocimiento de la Biblia que tenían mis congregaciones cuando era pastor protestante. Al sacerdote que celebra Misa diaria, se le exige que proclame la mayor parte de la Biblia en el curso de tres años. Los católicos que van diariamente a Misa oyen casi toda Biblia, leída y predicada, varias veces en la vida. Quienes van solamente los domingos y festivos, el mínimo exigido por la Iglesia, pueden estar seguros de que oyen regularmente los textos más importantes.

El trato que la Iglesia católica da a la Escritura es todo lo contrario del que yo le daba cuando era protestante. Desde la antigüedad hasta hoy, la Iglesia católica establece las lecturas adecuadas para cada día, y exige que la predicación se base en ellas.

De hecho, el sistema católico se demostró tan eficaz para comunicar la Palabra de Dios que muchas instituciones protestantes quisieron adoptarlo y adaptarlo. Algunas congregaciones, aunque provienen de tradiciones muy diferentes, siguen muy de cerca el primer leccionario católico: Anglicanismo, Metodismo, Presbiterianismo y Baptismo. Llegará un día en que el leccionario de 1969 será contado por los historiadores entre los avances ecuménicos más significativos del siglo xx, porque cada domingo logra unir a los cristianos, antes divididos, al menos en las lecturas que usan para el culto.

Ya que un número creciente de cristianos tiene en común el leccionario, es posible que católicos y protestantes crezcan cada vez más en la conciencia de su unidad «en la misma página».

* * *

La Iglesia se propone que la distribución de textos de la Escritura en el Leccionario difunda la verdadera doctrina. En efecto, la proclamación de toda la Biblia a lo largo de las fiestas hace que toda la doctrina cristiana llegue a toda la Cristiandad. La razón de ello es que el dogma cristiano no es otra cosa que la interpretación autorizada de la Escritura en la Iglesia.

Un axioma de la Iglesia Antigua proclama *Lex orandi, lex credendi*; «la ley de la oración es la ley de la fe». La religión siempre ha sido bíblica, porque las personas se forman según el tipo de culto que siguen. Cada vez que los cristianos ofrecen el sacrificio del Nuevo Testamento, reciben la doctrina del Nuevo Testamento, que se hace una sola cosa con ellos. La Iglesia actúa como una madre que alimenta a sus hijos. El leccionario asegura que los hijos reciben una dieta equilibrada, en vez de consumir según sus caprichos o la idiosincrasia del clérigo.

Samson Raphael Hirsch, uno de los principales rabinos modernos, declaró una vez que el equivalente al catecismo para un judío es el calendario. La afirmación también es válida para los cristianos, aunque nosotros también disponemos de catecismos muy útiles.

¿Por qué decimos que el calendario es un catecismo? Porque las fiestas exigen que se proclame la Ley de Dios en un contexto que es simultáneamente histórico (por eso empírico) y cultual (y por eso espiritual). En el culto se encarna la Palabra, y esa carne que nos alimenta también se hace nuestra.

José Gomez, arzobispo de Los Ángeles, ha descrito este proceso de forma poética:

> El ciclo de lecturas litúrgicas tiene un propósito y un poder espiritual, sobre todo en los Evangelios. Día tras día, a lo largo del año litúrgico, la Iglesia presenta la vida de Cristo: su Encarnación, nacimiento y «vida oculta», su ministerio público, su Pasión y Muerte, su Resurrección, Ascensión y el envío del Espíritu Santo. El beato [Columba] Marmion destacaba que, a través del ciclo de lecturas, «la Iglesia nos conduce de la mano sobre las huellas de Jesús. Solo tenemos que escuchar y abrir los ojos de la fe para seguir a Jesús».

Cuando seguimos a Jesús y contemplamos estos misterios, crece nuestro amor hacia Él y comprendemos el corazón y la mente de Cristo de forma cada vez más profunda. Nuestro encuentro diario nos modela en la *imago Christi*, por el poder de la Palabra de Dios que actúa en nosotros[3].

Esta es la gloriosa economía del Nuevo Testamento. Esta es la Buena Nueva.

[3] José H. Gomez, *Men of Brave Heart: The Virtue of Courage in the Priestly Life*, Our Sunday Visitor, Huntington, (IN) 2009, pp. 203-204.

CAPÍTULO 10
CONFIAR EN LOS TESTAMENTOS: VERDAD Y HUMILDAD DE LA PALABRA

Hemos repetido en varias ocasiones que los Testamentos que componen la Biblia no son solamente un grupo de palabras. Ante todo, su importancia procede de su proximidad a los prodigios que Dios realiza en la historia y en los sacramentos.

Aunque no se pueden reducir a palabras, los Testamentos se identifican con la Palabra. El Nuevo Testamento enseña que las páginas de la Escritura y la persona de Jesucristo son dos misterios que se iluminan mutuamente. De hecho, hablamos de las dos realidades con el mismo término: *Logos* en griego, *Palabra* en español. La Escritura es la Palabra inspirada y Jesucristo la Palabra encarnada (cf. *Jn* 1, 1; *Apoc* 19, 13). En la Biblia, la Palabra divina se expresa con el lenguaje humano; en Jesús, la Palabra divina asume carne humana.

Jesús definió la fe y la doctrina de la Iglesia sobre la Biblia, y determinó la comprensión cristiana de esta. Él es el «iniciador y consumador de la fe» (*Heb* 12, 2). Con su doctrina y con su ejemplo, la Palabra hecha carne da a sus seguidores la clave de interpretación de la *Palabra hecha Escritura*.

Los Evangelios testimonian que Jesús enseñaba frecuentemente a partir de los textos sagrados del Antiguo Testamento. Su predicación, las tentaciones, y los diálogos con sus oponentes son algunos de los ejemplos testificados por los Evangelios que muestran que el Señor pensaba y actuaba según la revelación bíblica. En los cuatro Evangelios, cita el Antiguo Testamento por lo menos cuarenta veces. Sin embargo, la cifra no refleja totalmente su devoción hacia el Antiguo Testamento, porque son incontables las ocasiones en que alude a los textos bíblicos de forma más sutil: porque adopta su vocabulario, recurre a sus imágenes o expone sus temas. Se puede afirmar, sin temor a exagerar, que la inteligencia de Jesús estaba repleta de las enseñanzas y los temas de las Escrituras.

La convicción fundamental de Jesús acerca de la Escritura es que tiene su origen en Dios; es decir, que las palabras de la Biblia son palabras de su Padre, nada menos que enseñanzas divinas conservadas de forma legible. Por ejemplo, en *Mateo* 19, 4-5 habla de «lo que dice la Escritura» y de «lo que Dios dice» como la misma realidad. Cuando explica el plan de Dios para el matrimonio, dice a los fariseos que el Creador del hombre y de la mujer en el comienzo de la historia dijo también: «Por eso el hombre dejará a su padre y a su madre y se unirá a su mujer, y serán los dos una sola carne. (*Gen* 2, 24). Es decir, Jesús comprende que la voz del Creador es la misma que habla en el Génesis con palabras humanas.

Jesús muestra la misma actitud en las palabras recogidas en *Marcos* 12, 36, donde dice que David había compuesto el *Salmo* 110 «movido por el Espíritu Santo». Contempla a David, autor humano del salmo, como cooperador en el movimiento sobrenatural impulsado por el Espíritu Santo, bajo cuya inspiración escribe palabras que en última instancia señalan a Jesús como Mesías. En este texto, la guía del Espíritu Santo da una causa divina a las palabras; pero al mismo tiempo, hay un autor humano que escribe a mano sus pensamientos sobre un papiro. En consecuencia, Jesús reconoce en los textos sagrados tanto la autoridad de Dios como la intervención de los autores humanos. En el mismo sentido, se refiere a los autores humanos de otros textos bíblicos: Moisés (*Jn* 5, 46-47), Isaías (*Mc* 7, 6) y Daniel (*Mat* 24, 15)

Si la Escritura tiene origen divino, también goza de la máxima autoridad. Si la Biblia expresa un discurso de Dios, manifiesta la voluntad de Dios. Jesús lo revela de la forma más patente en su abajamiento ante el demonio, en el desierto. Según el relato de san Mateo, el Mesías rechaza las tentaciones del diablo con tres citas del Antiguo Testamento. Introduce las tres con la expresión «está escrito», una fórmula común en el judaísmo y en el Nuevo Testamento que sintetiza la convicción de que la Escritura es el fundamento último de la fe y de la vida religiosa (cf. *Mat* 4, 4; 7, 10). Jesús lo confirma desde la primera cita contra el demonio, en Mateo 4, 4: «no solo de pan vive el hombre, sino de toda palabra que procede de la boca de Dios» (*Deut* 8, 3).

Ya que la Escritura comunica palabras de Dios, su contenido es inviolable, por lo que no puede ser ignorado ni transgredido. A esto también hace referencia Jesús cuando dice, en *Juan* 10, 35, que «la Escritura no puede ser anulada».

En este punto surge una pregunta: si la Escritura tiene su origen en Dios, si su enseñanza goza de autoridad divina, ¿tenemos que fiarnos de ella tanto como de Dios? De los Evangelios se deduce que la respuesta de Jesús es netamente afirmativa. Por ejemplo, en la oración sacerdotal (*Jn* 17, 1-26) ruega al Padre por sus discípulos diciendo «tu palabra es la verdad» (*Jn* 17, 17), una afirmación que carecería de sentido si la palabra de Dios escrita tuviera mezcla de error.

Jesucristo creía firmemente que el Antiguo Testamento *tenía* que alcanzar su plenitud en Él; sobre todo en su Pasión, Muerte y Resurrección, porque las Escrituras habían anticipado que habría de ser entregado a sus enemigos (cf. *Mat* 26,

54), «contado entre los malhechores» (*Luc* 22, 37), elevado en la Cruz (*Jn* 3, 14) y conducido a la gloria a través del sufrimiento (*Luc* 24, 25-26). Si Jesús no estuviera seguro de la veracidad absoluta de los textos sagrados, esa necesidad divina no tendría tanto peso en su alma. De hecho, Jesús sostuvo siempre que el Antiguo Testamento entero da testimonio de su misión.

Todas estas reflexiones adquieren su pleno significado cuando consideramos que la misión de Jesús consistía en «dar testimonio de la verdad» (*Jn* 18, 37) y hacer a sus discípulos «conocer la verdad» por la adhesión a su palabra (cf. *Jn* 8, 31-32). En boca de cualquier otro, la veracidad que se atribuye hubiera parecido una locura pretenciosa. Ni siquiera los profetas de Israel, que hablaban bajo la inspiración el Espíritu de Dios, se habrían atrevido a pedir un compromiso tan radical con su doctrina.

La autoridad y la fiabilidad de la Palabra de Dios en la Escritura queda confirmada o, al contrario, se derrumba, por la autoridad y la fiabilidad de la Palabra de Dios encarnada. Se trata de dos realidades unidas de forma inseparable y al más profundo nivel.

* * *

La Iglesia primitiva asumió inmediatamente la concepción que tenía Jesús de la Escritura. La afirmación más precisa al respecto es la que hace san Pablo en la *segunda carta a Timoteo* 3, 16-17: «Toda la Escritura es inspirada por Dios y útil para enseñar, para argumentar, para corregir y para educar en la justicia, con el fin de que el hombre de Dios esté bien dispuesto, preparado para toda obra buena». El núcleo del texto es la expresión «inspirada por Dios», que en griego es un solo adjetivo, *theopneustos*, que significa «exhalado por Dios». Dios «espira» la Escritura del mismo modo que comunica su aliento de vida a la criatura humana (cf. *Gen* 2, 7).

Las palabras humanas son respiración, un poco de aire acompañado por sonido. El soplo del Señor, en cambio, es un instrumento de su poder infinito. Dio el ser a toda la Creación (*Salmo* 33, 6) y obró prodigios, como la apertura de una salida a través del Mar Rojo (2 *Sam* 22, 16). En consecuencia, afirmar que la Escritura es «exhalada por Dios» significa reconocer su origen divino y su poder. El adjetivo «inspirada» designa una palabra que nunca deja de cumplir el designio de Dios (cf. *Is* 55, 11).

Hasta ahora, hemos reflexionado sobre la fuente divina de las Escrituras. ¿Qué decir, en cambio, del proceso histórico de su producción? San Pedro lo sintetiza así: «ante todo, debéis saber que ninguna profecía de la Escritura depende de la interpretación privada, porque nunca profecía alguna ha venido por voluntad humana, sino que, impulsados por el Espíritu Santo, aquellos hombres hablaron de parte de Dios» (2 *Pe* 1, 20-21). El texto sale al paso, para rechazarla, de la identificación de la profecía bíblica con un fenómeno estrictamente natural, como si los profetas de Israel solo hubieran transmitido lo que imaginaban que sería el futuro. Para contrarrestar el error, san Pedro pone de manifiesto que todas las profecías de la Escritura respondían a la obra sobrenatural del Espíritu. Subraya que el profeta tiene el papel de transmitir oralmente un mensaje divino (v. 21); pero también tiene en cuenta que esos oráculos han quedado expresados de forma permanente en los textos de la Biblia (v. 20).

Pedro describe la influencia divina sobre los profetas diciendo que han sido «movidos» por el Espíritu. El Espíritu es más que una ayuda. Determina las palabras que pronuncia el profeta, mucho más que el viento, que define el curso y la velocidad de navegación de un barco en el mar (como en *Hech* 27, 15. 17). Sin embargo, esto no convierte al profeta es un instrumento meramente pasivo, incapaz de oponer resistencia a la fuerza que lo impulsa. Por eso, san Pedro distingue a los profetas escritores de la Biblia, de los profetas extáticos: estos actuaban con la conciencia alterada, porque sus facultades habían sido tomadas por el Espíritu. Por el contrario, los profetas escritores participaron libre y activamente en una actividad que era simultáneamente humana y divina.

Las profecías de la Escritura habían sido dadas por el Espíritu y las palabras pronunciadas por los profetas tenían su fuente en Dios. A partir de estas premisas, san Pedro concluye recordando a los lectores que tienen todas las razones para confiar plenamente en ese mensaje. Por eso insiste en que la palabra profética es «segura» (2 *Pe* 1, 19). Siempre se puede confiar en que los oráculos proféticos llegarán a su pleno cumplimiento, porque los garantiza Dios mismo, incluso cuando ese cumplimiento parezca retrasarse o los creyentes deban sufrir las burlas de los herejes (temas tratados en 2 *Pe* 2-3).

* * *

Dios habla directamente a su pueblo a través de los textos de la Biblia. No importa cuándo se hayan escrito, porque la palabra de Dios atraviesa todas las épocas y se dirige a la situación actual de los fieles. Una de las afirmaciones más importantes de esta idea es *Heb* 3, 7. El versículo dice que el Espíritu Santo había dirigido las palabras del *Salmo* 95, 7-8 a los creyentes del siglo I d. C. La causa de reconocer que el texto interpelaba directamente a los receptores de la *Carta a los Hebreos* no era que el salmista pudiera estar pensando en esa comunidad mientras escribía, sino que el Espíritu «dice» (en tiempo presente) lo que el salmo dice en el hoy y ahora. Aunque haga mucho tiempo que la voz del autor humano haya caído en el silencio, la voz de Dios, desde la eternidad, es contemporánea a cada generación que encuentra su Palabra.

Los primeros Padres de la Iglesia confirman estas palabras del Nuevo Testamento. En el siglo I d. C., san Clemente de

Roma dice a los corintios que las Sagradas Escrituras son «verdaderas» y que «no hay nada injusto o fraudulento escrito en ellas»[1]. A mediados del siglo II d. C., san Justino Mártir contesta a algunas acusaciones contra la unidad interna de la Biblia con esta declaración: «Estoy seguro de que ningún pasaje [de la Escritura] contradice a otro»[2]. Y antes de terminar el segundo siglo, san Ireneo de Lyon explica que «las Escrituras son perfectas, porque han sido habladas por la Palabra de Dios y por su Espíritu»[3].

Esta afirmación tan terminante no encuentra una sola expresión que la contradiga, ni en el Nuevo Testamento ni en las principales tradiciones primitivas. Eso nos lleva a concluir que la comprensión cristiana de la Biblia ha sido continuada a lo largo de la historia. Desde Jesucristo hasta la Iglesia apostólica y a los pastores y teólogos del siglo II d. C. es unánime la convicción del origen divino de la Escritura, de su autoridad divina y su veracidad divina. El eco de esta doctrina llega a la Modernidad, desde el concilio Vaticano I al Vaticano II, y se repite en numerosas enseñanzas de los Papas.

* * *

En todo caso, no es sorprendente que algunos se resistan a abrazar esta «visión elevada» de la Escritura que defienden Jesús y la Iglesia. Los fundamentos de esta fe no son demostrables según los parámetros científico-técnicos, a la vez que parecen poco probables para los principios de la sola razón. En definitiva, se sorprenden porque la Palabra de Dios les parece demasiado humana para ser divina. En todos los tiempos ha habido intelectuales que rechazan el escándalo de la Biblia.

---

[1] San Clemente de Roma, *Carta a los corintios*, 45, 2-3.
[2] San Justino mártir, *Diálogo con Trifón*, 65.
[3] San Ireneo de Lyon, *Contra los herejes*, 2, 28, 2.

Con ello, la Palabra inspirada sigue los pasos de la Palabra encarnada y refleja el mismo misterio.

La Escritura siempre será un reflejo de la Palabra encarnada. Por una parte, la perfecta veracidad de la Biblia es comparable a la absoluta impecabilidad de Jesús. Por otra, Jesús fue objeto de desprecio porque, siendo un hombre corriente, pretendía gozar de autoridad divina. Se trata de uno más entre los rasgos propios del Mesías crucificado. También las Escrituras, al presentar su condición divina de forma tan modesta, se oponen al orgullo humano y ofenden a los esnobs y sofistas autosuficientes de todos los tiempos.

Sin embargo, atraen a quien busca humildemente la verdad. En el siglo II d. C., Taciano, un discípulo de san Justino, confesaba: «Lo que me llevó a creer en las Escrituras fue su lenguaje poco pretencioso, la candidez de sus escritores, junto a su conocimiento anticipado de los acontecimientos humanos»[4].

Como dice san Pablo, «llevamos este tesoro en vasos de barro» (2 *Cor* 4, 7). En el s. III d. C., Orígenes explicaba que «por "vasos terrenos" entendemos el estilo humilde de las Escrituras, que los griegos desprecian con facilidad, pero en el que se manifiesta con toda claridad la excelencia del poder de Dios»[5].

* * *

Aunque la Biblia no es puramente humana, a veces puede resultar escandalosamente humana. Esos rasgos poco depurados de la Palabra pueden poner en crisis la fe en la perfección divina de la Biblia. Por ejemplo, la Escritura dice que Dios tiene sentimientos humanos, como la ira (cf. *Rom* 2, 5), y en otro lugar afirma que es espíritu puro (cf. *Is* 31, 3; *Jn* 4, 24). No pocos han encontrado la causa de estas contradicciones en

---

[4] TACIANO, *Discurso a los Griegos*, 29.
[5] ORÍGENES, *Comentario al Evangelio de san Juan*, 4, 2.

las concepciones rudas y confusas de un pueblo poco desarrollado. Además, se puede decir que el estilo de la Biblia es poco refinado y que esta característica ha apartado de ella a más de una inteligencia de gusto literario cultivado. La presencia reiterada de hipérboles y licencias poéticas es poco atractiva para los que piensan que la Biblia tendría que hablar exclusivamente con precisión científica. Por último, se suman los escándalos procedentes de supuestas discrepancias internas de la Biblia, con los documentos de la historia antigua y con los hallazgos de la ciencia moderna.

La presencia de estas «heridas» causa la desaprobación y el rechazo de las inteligencias orgullosas. Les recuerda que la increencia siempre será una opción válida y la postura habitual en todos aquellos que no encuentren explicación a la escasa sofisticación de la Biblia.

Pero el verdadero problema es si realmente estos aspectos humildes de la Palabra tienen que alzarse como barreras que impidan aceptar su carácter sobrenatural, su autoridad y su fiabilidad.

No deberían ser impedimento. Es más, se podría decir que el estilo de comunicación de la Biblia es perfectamente acorde con el misterio de Cristo. La misma lógica que guía la Encarnación de la Palabra eterna informa también la inspiración de la Palabra escrita. Esto puede comprenderse mejor si tomamos como clave de interpretación la condescendencia divina, en virtud de la cual Dios se abaja como un padre cuando habla con sus hijos. Se inclina para entrar en contacto con la gente de forma adecuada a lo que ellos pueden comprender. Dios desciende y se pone al alcance de nuestra debilidad con el propósito de elevarnos con su poder.

Con esto queremos decir que la acomodación divina no consiste primordialmente en que la dimensión humana de la revelación limite a Dios, sino en que la realidad divina se da a conocer y se hace comprensible a través de lo humano. La Palabra encarnada lo hace asumiendo una naturaleza humana, y la Palabra inspirada lo hace con el uso del lenguaje humano común. La única dificultad que podemos encontrar al interpretar la Biblia es perder de vista alguno de estos dos aspectos. Aunque Dios haya envuelto su perfección y su poder en formas sencillas y tangibles, no debemos permitir que esa apariencia externa oculte la realidad sobrenatural que hay en su interior.

El ejemplo extremo de condescendencia divina es el Hijo, que se «despojó a sí mismo» para hacerse hombre (*Fil* 2, 7). El Verbo eterno aceptó todos los límites y las debilidades de la condición humana. El Nuevo Testamento testimonia que Jesús padeció cansancio (*Jn* 4, 6), hambre (*Mat* 4, 2), asombro (*Mc* 6, 6), pena (*Jn* 11, 35) y una gran angustia (*Luc* 22, 34). En último término, «se humilló a sí mismo» hasta aceptar la muerte «y muerte de cruz» (*Fil* 2, 8). Sin embargo, ninguna de estas confirmaciones de la humanidad de Jesús lleva a concluir que se deshizo de su divinidad o que renunció a la pureza y la impecabilidad que le eran inherentes. La debilidad que se manifiesta en la vida terrena de Jesús no elimina ni disminuye su perfección invisible. En ningún momento dejó de ser «la verdad» (*Jn* 14, 6), la impecable Palabra del Padre (*Heb* 4, 15; 1 *Pe* 2, 22).

La Palabra escrita de Dios se rige por el mismo principio. Se expresa con un lenguaje humano concreto —llano y a veces imperfecto—, pero no por ello deja de transmitir el discurso de Dios. La Palabra encarnada, que era perfectamente humana, jamás pecó. También la Palabra inspirada es perfectamente humana, pero no hay error en ella. Una vez más, Jesucristo es la clave para comprender el misterio de la Escritura, que es a la vez humana y divina, imperfecta en apariencia pero perfecta en realidad. En este sentido, la fe de la Iglesia en la inspiración y en la inerrancia de la Biblia no es más que una prolongación de su fe en la Encarnación.

Sin embargo, la inerrancia por sí misma no demuestra la inspiración divina de una obra. También existen otro tipo de libros sin errores. Un manual de matemáticas en su tercera edición, por ejemplo, puede estar depurado de tópicos y ser impecable en sus ecuaciones, pero nadie diría por ello que ha sido escrito por inspiración divina.

La inspiración bíblica consiste en que el Espíritu se sirve de instrumentos humanos falibles para transmitir la Palabra de Dios. Pero el Espíritu también trae al mundo la Palabra a través de la liturgia, en el sacrificio del Nuevo Testamento, la Santa Misa. La entrega se cumple en la proclamación del documento y en la administración del sacramento. La Palabra bíblica se lee en la asamblea litúrgica, allí vuelve a hablar al Pueblo de Dios y le invita a responder con la misma «obediencia de la fe» (*Rom* 1, 5; 16, 26) que tuvieron los primeros cristianos. Asimismo, por la acción conjunta del Espíritu y del discurso humano, la Palabra se hace presente y *se convierte en alimento*. Por eso, cada momento de adoración sacramental constituye una nueva intervención de Dios en la historia, un nuevo evento salvífico, y también una nueva creación (cf. 2 *Cor* 5, 17)

Aquí se hace indudable el hecho de que el poder de Dios actúa a través de la debilidad humana. Dios no cesa de servirse de los medios naturales más frágiles para realizar sus fines sobrenaturales. Por la gracia, el sacerdote puede actuar en persona de Cristo, puede pronunciar sus palabras, repetir sus movimientos y volver a presentarnos el sacrificio Pascual que trajo al mundo la redención. Elementos tan humildes como el pan y el vino, con muy poco poder antes de la transustanciación, se convierten en el mayor don del Señor. Es difícil imaginar una forma de donación más abnegada que esta, con la que el Verbo divino señala su presencia entre nosotros en el sacrificio del Nuevo Testamento.

* * *

¿Por qué Dios ha elegido la humilde letra de la Biblia para darse a conocer y manifestar su voluntad? Bajo mi punto de vista, el motivo es que esta forma de expresión invita a la razón a acoger ese conocimiento en la fe, al tiempo que contrarresta nuestro orgullo con la fuerza de la humildad intelectual.

La humildad de la Palabra desafía, en primer lugar, a la razón que pretende tener la supremacía en la comprensión de la realidad. Olvidamos fácilmente que la razón tiene sus límites. Nuestra capacidad intelectual no puede demostrar los misterios de la fe, ni siquiera reconocer la presencia y acción de Dios en la historia. Cuando se enfrenta a la interpretación de la Biblia, su dificultad se hace más patente, lo cual no significa que el estudio de la Biblia tenga que aferrarse a una credibilidad piadosa. No es más que una llamada a evitar la irracionalidad del racionalismo puro. La razón funciona correctamente cuando acepta sus límites y reconoce que no puede dar respuesta a algunas cuestiones.

Esa expresión humilde de la palabra invita a sanar nuestra arrogancia intelectual. Es una realidad que, incluso cuando la fe y la razón trabajan juntas, la segunda tiene siempre la tentación de imponer a la primera restricciones poco razonables. En el campo de los estudios bíblicos, esta actitud aparece en forma de escepticismo, que algunos especialistas llaman «hermenéutica de la sospecha». Este planteamiento exige, en primer lugar, una demostración de la sinceridad y veracidad de la Palabra antes de aceptarla. En segundo lugar, erige al intérprete en juez de la Palabra, le da el derecho de medir las enseñanzas del texto según su criterio.

Esta práctica pone las cosas del revés. La «locura» de la condescendencia divina pide que apartemos nuestra educada arrogancia cuando nos acercamos a la Palabra bíblica. Reclama humildad intelectual, que permite a la inteligencia adaptarse a la forma en que Dios se revela. En cierto sentido, tiene que bajar al mismo nivel. Una inteligencia humilde es capaz de recibir una Palabra revestida de una forma modesta, puede sintonizar con la sabiduría más alta de Dios, y recibe un conocimiento oculto a «los sabios y prudentes» (*Mat* 11, 25) del mundo. Es capaz de admitir como verdad que en Dios «la fuerza se perfecciona en la flaqueza» (2 *Cor* 12, 9).

Para conocer el sentido práctico de esta frase, solo tenemos que volver a los Evangelios. Jesús personifica la respuesta humilde reclamada por la Palabra escrita. Escuchó las Escrituras como voz de su Padre y eso hizo que su mensaje informara todos y cada uno de los aspectos de su vida humana. Cumplió con amor todas las obligaciones de un judío devoto. Siguió el ritmo de vida y los preceptos de las Escrituras hebreas, que se proclamaban semanalmente en la liturgia de la sinagoga y en las fiestas del Templo. Su participación en la observancia religiosa de su pueblo es un buen testimonio de su familiaridad con los textos bíblicos. Cuando está a punto de morir, salen de sus labios las palabras de un *Salmo* que habría aprendido de memoria (*Mc* 15, 34 recoge una cita del *Sal* 22, 1; y *Luc* 23, 46 una cita del *Sal* 31, 5). En todo momento, muestra una actitud de docilidad y total adhesión a la autoridad y verdad de la Biblia.

Su actitud es muy destacable, teniendo en cuenta que Cristo es la Palabra de Dios engendrada desde toda la eternidad (cf. *Jn* 1, 1). Él es la plena manifestación de Dios en el mundo, el sacramento vivo del Reino de Dios que anuncia. La sumisión de Jesús a la Biblia solo tiene sentido como un acto de extrema humildad. Es un gesto profundo de auto-abajamiento, por el que la Palabra hecha carne rinde reverencia y obediencia a la Palabra hecha Escritura. Este modo de actuar, por otra parte, está en plena sintonía con su carácter: Jesús es el Verbo eterno que vino al mundo en un pesebre, que padeció en una cruz y que se entregó a sí mismo como pan corriente.

Para quienes leemos la Biblia, la respuesta a la humildad de la Palabra bíblica se concreta en imitar la actitud de la Palabra encarnada. Su ejemplo nos invita, y sus palabras nos lo piden: «Llevad mi yugo sobre vosotros y aprended de mí, que soy manso y humilde de corazón» (*Mat* 11, 29).

CAPÍTULO 11
EL NUEVO TESTAMENTO
Y LA DOCTRINA CRISTIANA

Desde el comienzo de la Iglesia ha habido herejías. Algunas, como la de Marción, rechazaban directamente la enseñanza de la Escritura porque eliminaban fragmentos enteros de la Biblia. Sin embargo, la mayoría de las herejías no rechazaban la Escritura, sino que la interpretaban de formas profundamente divergentes. Es decir, no discutían la Biblia, sino la interpretación que la Iglesia hacía de ella.

Históricamente, la herejía de mayor difusión ha sido el arrianismo. Su origen está ligado a un sacerdote de Alejandría (Egipto), muy prestigioso como maestro, predicador y asceta. Arrio se negaba a adorar a Jesús como Dios, y justificaba su postura en el *Libro de los Proverbios* del Antiguo Testamento, donde la Sabiduría personificada dice: «El Señor me creó al principio de sus caminos, antes de que hiciera cosa alguna» (*Prov* 2, 11). Interpretaba este versículo como una referencia a Cristo como criatura: ni coeterno ni igual al Padre. Como confirmación de su lectura, añadía las palabras del propio Jesús cuando declara «el Padre es mayor que yo» (*Jn* 14, 28), y de san Pablo cuando se refiere a Cristo como «primogénito de toda criatura» (*Col* 1 15).

La crisis estalló un día en que Arrio interrumpió a gritos la homilía de su obispo, Alejandro. El prelado intentó llegar a una reconciliación, pero no logró convencer a Arrio, que finalmente fue excomulgado junto con sus seguidores, en el año 318 o 319 d. C. Pero el castigo no lo detuvo, al contrario: proclamó que, en su calidad de maestro y predicador, era él quien presentaba el sentido auténtico de la Escritura. Estableció como principio de su teología dar nombres bíblicos a los temas de la Biblia, por lo que evitaba el uso de términos teológicos extrabíblicos. Solía utilizar frases breves para enseñar, como «hubo un tiempo en que no era», en referencia a la supuesta creación temporal de Jesús. Algunos de sus discípulos pusieron a estos lemas una música pegadiza, para difundirlos con mayor eficacia.

Humanamente, Arrio parecía tener todas las de ganar: prestigio como maestro, gran habilidad como predicador, así como el recurso a la buena música y a lemas fáciles de recordar. Logró atraer numerosas adhesiones a su doctrina, incluso entre obispos y emperadores. Su éxito fue tan arrollador que san Jerónimo llegó a lamentarse de que «el mundo se despertó arriano»[1].

El primer concilio ecuménico, celebrado en Nicea, fue convocado en el año 325 d. C. para dar respuesta a la controversia arriana. Los padres conciliares declararon que el Hijo es *homoousios* con el Padre, es decir «de la misma sustancia que el Padre». El partido arriano objetó que el término *homoousios* no se encuentra en la Biblia, a la vez que consideraba inadecuada la incorporación a la teología cristiana de un término originario de la filosofía pagana.

Ya durante la controversia, algunos cristianos se dieron cuenta de que apelar solamente a textos de la Escritura no solu-

---

[1] San Jerónimo, *Diálogo contra los luciferanos*, 19.

cionaría la crisis. Tanto Arrio como sus oponentes habían presentado series de textos para demostrar sus argumentaciones. Poco después, se formó un tercer partido que proponía una solución de compromiso, con el uso de otra palabra que pudiera ser aceptada por las dos partes: *homoiousios*, que significa «de sustancia semejante». Aunque la diferencia parecía ser solamente una letra, los defensores de este término pensaban que Arrio aceptaría que se añadiera al Credo, porque creía que el Padre había dado a Jesús una participación en la divinidad. Por otra parte, también pensaban que el término asumía y respetaba las creencias del partido niceno.

Pero san Atanasio, y la Iglesia con él, rechazaron el compromiso, que suponía una renuncia a dar a Jesús la adoración que merecía y que se le venía dando desde la época apostólica. Frente a Arrio, que apelaba una y otra vez al Nuevo Testamento en cuanto documento, Atanasio leía el texto del Nuevo Testamento a la luz del sacramento del Nuevo Testamento y, por eso, en comunión con la Iglesia. Las liturgias eucarísticas profesan, proclaman, adoran y reciben a Jesús como coeterno e igual al Padre. Atanasio y la Iglesia creían que la ley de la oración constituye la ley de la fe, algo que la «sola Escritura» no podía lograr.

La solución de la controversia arriana no llegó a través de un libro, sino que fue la Iglesia, tal y como la habían establecido los Apóstoles: con sucesión, tradición, liturgia y santos.

* * *

La crisis arriana no sería la única en obligar a la Iglesia a hacer un pronunciamiento dogmático para establecer la interpretación bíblica de un tema. Cada controversia, y fueron muchas, hizo que la Iglesia profundizara en el estudio y la contemplación, para dar nuevo desarrollo a la tradición apostólica que le había sido entregada de una vez para siempre.

El origen de la mayor parte de las crisis es alguna interpretación errónea. Por eso, el dogma de la Iglesia jamás se aparta de las páginas de la Escritura. Según el cardenal Joseph Ratzinger, después Papa Benedicto XVI, «el dogma católico... saca todo lo que contiene de la Escritura»[2]. Añadía en otro lugar que «el dogma, por definición, no es más que interpretación de la Escritura»[3]. El dogma es la interpretación infalible del texto sagrado que hace la Iglesia.

El Jesús de la historia y el Cristo del dogma católico no se contradicen ni se oponen. De hecho, es imposible conocer al Jesús de la historia como alguien diferente del Cristo del dogma, a quien el concilio de Nicea confirmó como Hijo ungido del Padre.

Todo el cuerpo de enseñanzas dogmáticas y doctrinales de la Iglesia ha dado lugar a un rico depósito de reflexiones sobre la Palabra. Las primeras afirmaciones dogmáticas, que son los credos, fueron compuestas con palabras de la Escritura. Con el paso del tiempo y la aparición de nuevas herejías, los Papas y obispos desarrollaron un vocabulario teológico «auxiliar», formado por términos y conceptos extrabíblicos, que ayudaban a preservar de herejías y errores la lectura de los Evangelios. Estaba integrado por palabras como *homousios* (de la misma sustancia), *Trinitas* (Trinidad) y *Theotokos* (literalmente «la que dio a luz a Dios», o Madre de Dios). También contenía fórmulas como «pecado original», «transubstanciación» e «inmaculada concepción». San Atanasio explicaba que, «aunque las expresiones no se encuentren literalmente en las Escrituras, no dejan de contener el sentido de las Escrituras y,

---

[2] Joseph Ratzinger, «Cardinal Frings's Speeches During the Second Vatican Council: Some Reflections Apropos of Muggeridge's The Desolate City» en *Communio* 15, n.1 (primavera 1988), p. 136.
[3] Joseph Ratzinger, «Crisis in Catechetics: Handing on the Faith and the Sources of the Faith», en *Canadian Catholic Review*, 7 (junio 1983), p. 178.

porque lo expresan, lo transmiten a quienes tienen el alma dispuesta a recibir la doctrina»[4].

Aunque no se encuentren literalmente en la Escritura, estos términos doctrinales sí están implícitos en los textos inspirados y remiten a ellos. Así, el lenguaje de la Escritura sigue siendo el punto de referencia de la Iglesia, privilegiado y fundamental. Y eso no solo para la catequesis y la evangelización, sino también para la oración y la formación espiritual[5].

¿Qué consecuencias tiene esta realidad para nuestra comprensión de la Escritura? En primer lugar, quiere decir que nuestra lectura e interpretación de un pasaje no debe apartarnos de la lectura e interpretación contenida en los documentos oficiales del magisterio de la Iglesia. Con esto, no establecemos solamente una prueba negativa, ni nos detenemos en fijar un límite. La Iglesia ha recibido al Espíritu Santo como ayuda para conservar e interpretar la Palabra; por eso, si nuestros juicios sobre un texto de la Escritura son rectos, tienen que coincidir con la forma en que el Espíritu ha hecho que lo lea la Iglesia[6].

Esta condición no limita la creatividad del intérprete. Al contrario, le estimula y le da una nueva habilidad para leer los textos sagrados[7]. Se apoya en un principio positivo, que contribuye a solucionar las dificultades, al que la Iglesia llama «analogía de la fe»: es la coherencia y la unidad profunda que relaciona los dogmas y enseñanzas de la Iglesia. Este rasgo demuestra que el dogma católico tiene un poder de explicación,

---

[4] San Atanasio de Alejandría, *De Decretis*, 21.

[5] Cf. Pontificia Comisión Bíblica, *Biblia y Cristología* (1984): «Los lenguajes "auxiliares" que la Iglesia ha utilizado a lo largo de los siglos no tienen, para la fe, la misma autoridad de que goza el "lenguaje de referencia" de los autores inspirados, sobre todo en lo que se refiere al Nuevo Testamento, cuya forma de expresión está enraizada en el Antiguo» (n. 1.2).

[6] Cf. Concilio Vaticano II, Constitución Dogmática sobre la Divina Revelación, *Dei Verbum*, n. 10.

[7] Cf. *Catecismo de la Iglesia Católica*, nn. 114 , 90.

porque lleva implícita la clave interpretativa para penetrar, y de forma privilegiada, el significado de los textos. Los dogmas no se limitan a indicar cuándo es incorrecta una lectura; también y sobre todo arrojan luz sobre algunos textos difíciles, del Antiguo o del Nuevo Testamento, para que comprendamos aquellos aspectos que parecen demasiado oscuros para nuestra razón.

CAPÍTULO 12
EL «MISTERIO DE SU VOLUNTAD» EN EL NUEVO TESTAMENTO

Los últimos Padres de la Iglesia insistían mucho en la unidad de los dos Testamentos como un solo libro. En su defensa frente a los marcionitas y los gnósticos, que negaban el Antiguo Testamento, Tertuliano decía que la Iglesia católica «une en un solo volumen la ley y los profetas con los escritos de los evangelistas y los apóstoles, y de unos y otros nutre su fe»[1].

Al igual que los Apóstoles, los Padres entendían que el principio que unía los dos Testamentos es el designio de Dios, al que san Pablo llama «misterio escondido durante siglos en Dios» (*Ef* 3, 9; 1, 10), y que podríamos comparar a un gran marco general de la historia. Los primeros cristianos entendían el designio de Dios como el misterio más antiguo, que había sido desvelado parcialmente «de muchas maneras» cuando «Dios había hablado [...] por los profetas» (*Heb* 1, 1), y que solo fue revelado totalmente en la persona y la obra salvífica de Jesucristo. El teólogo dominico Yves Congar desta-

---

[1] Tertuliano, *Prescripción contra los herejes*, 36.

caba que en la Iglesia primitiva «el contenido y el significado de la Escritura era el plan que Dios tenía para la Alianza, y que tenía su realización definitiva en Jesucristo... y en la Iglesia»[2].

San Pablo estableció la palabra griega que usarían los Padres para designar el plan salvífico de Dios: *oikonomia*, que se traduce a las lenguas modernas como «economía». En aquella época, el término no tenía el significado actual de movimiento de capitales y división del trabajo. Su traducción más literal sería «ley de la familia». *Oikonomia* tiene un significado amplio, que incluye la forma en que un padre administra su casa y sus propiedades, las relaciones entre los miembros de la familia, y la herencia. En todas las cartas de san Pablo y en los textos patrísticos, la economía divina es el plan paternal de Dios para su pueblo, establecido desde la eternidad y desarrollado en la historia. San Ignacio de Antioquía lo resumía así: «Porque nuestro Dios, Jesucristo, ha sido llevado en el seno de María, según la economía divina, del linaje de David y del Espíritu Santo»[3].

La economía es esa realidad que descubrimos cuando, siguiendo a nuestros antepasados en la fe, leemos el Antiguo Testamento a la luz del Nuevo Testamento, y el Nuevo a la luz del Antiguo. Es ese misterio que, después de permanecer oculto durante siglos, ha sido revelado en Cristo.

Tal y como se despliega a lo largo de la Escritura, la economía divina se concreta en una serie de *alianzas* que Dios establece con su pueblo. Decía san Ireneo que «el proyecto divino y la economía de salvación de la humanidad» se nos da a conocer cuando analizamos las «diversas alianzas con la humanidad, y no solo una, a causa del carácter espiritual propio de cada una de ellas»[4].

---

[2] Yves Congar, *La Tradición y las tradiciones*, Dinor, San Sebastián 1964, p. 69.
[3] San Ignacio de Antioquía, *Carta a los Efesios*, 18, 2.
[4] San Ireneo de Lyon, *Contra las herejías*, 1.10.3.

Nuestra cultura se ha vuelto casi sorda al significado bíblico de la alianza. Para la mayoría de nosotros, no significa nada más que una forma de contrato. Los contratos se establecen entre dos partes, que se ponen de acuerdo para intercambiar bienes o servicios, bajo términos y condiciones específicas. En cambio, una alianza no es un trato para intercambiar cosas, sino un compromiso personal, un juramento que forja vínculos de realeza, relaciones familiares. Las alianzas hacen de las dos partes una sola familia de carne y sangre.

En la Escritura, la fórmula clásica de la Alianza es la promesa de Dios: «Yo seré vuestro Dios y vosotros seréis mi pueblo». Siempre le corresponde un juramento del pueblo, un acto de fe que comporta el compromiso de conservar la alianza (*Lev* 26, 12; cf. *Ex* 6, 7, y 2 *Cor* 6, 16-18). Esto se cumple en todas las alianzas que se suceden a lo largo de la Escritura: con Adán y Eva en el séptimo día de la creación, con Noé después del diluvio, con Abraham, Moisés, y David; por último, también en la Nueva Alianza escrita con la sangre de Jesús. En cada una de ellas, Dios revela nuevos matices de su invitación a toda la humanidad a formar parte de su familia, da a conocer con mayor profundidad su deseo de alimentar a las criaturas hasta que lleguen a ser sus hijos e hijas, para que puedan participar de sus bendiciones y de su naturaleza divina (2 *Pe* 1, 4)[5].

La Nueva Alianza dada por Cristo completa las «alianzas de promesa» y establece en la Iglesia católica o universal la nueva «familia de Dios» (*Ef* 1, 12. 19), un reino universal, una familia divina, «linaje escogido, sacerdocio real, nación santa, pueblo adquirido en propiedad» (1 *Pe* 2, 9; cf. el «reino de sacerdotes» en *Apoc* 1, 6 y 5, 10)[6]. Esta Nueva Alianza nos compromete, porque entramos a formar parte de la familia de Cristo en calidad de hijos e hijas adoptivos, a través de un acto

---

[5] Sobre el designio salvífico, cf. *Catecismo de la Iglesia Católica*, nn. 1079-1082.
[6] Cf. *Ibid.*, n. 1655; también los nn. 542, 854 , 959, 1632; y *Heb* 3, 6.

de fe en la liturgia sacramental de su Iglesia. Como ya se ha podido mostrar, la palabra «sacramento» proviene del latín *sacramentum*, que significa «juramento».

Por el juramento que hacemos en el sacramento del bautismo, recibimos el don del Espíritu Santo que nos habilita para vivir la Nueva Alianza de Cristo, su Nuevo Testamento, y se nos otorga el derecho de llamar a Dios «Padre Nuestro» (*Gal* 4, 6-7; *Rom* 8, 15). El juramento que hacemos en la Eucaristía renueva nuestro compromiso de alianza, y nos hace una vez más «cuerpo y sangre» de Dios (1 *Cor* 10, 16; 11, 26). La Nueva Alianza no es el fin de la historia de la salvación, sino el comienzo de su última etapa, que culminará con la venida gloriosa de Cristo. El último libro de la Biblia describe ese día también con un lenguaje de alianza: «Esta es la morada de Dios con los hombres. Habitará con ellos y ellos serán su pueblo, y Dios, habitando realmente en medio de ellos, será su Dios» (*Apoc* 21, 3).

La meta de la economía divina se revela en las alianzas, con las que Dios marca la historia de la salvación, y consiste en la plena comunión de Dios con los hombres, «la cena de las bodas del Cordero» (*Apoc* 19, 9). Esta comunión diviniza a la familia humana, porque puede habitar con Dios y es partícipe de la vida trinitaria[7].

* * *

La Escritura revela la economía divina, ese plan de alianza para salvar a los hijos de Dios. Pero su significado solo se com-

---

[7] Cf. *Catecismo de la Iglesia Católica*, n. 260: «El fin último de toda la economía divina es la entrada de las criaturas en la unidad perfecta de la Bienaventurada Trinidad (cf. *Jn* 17, 21-23). Pero desde ahora somos llamados a ser habitados por la Santísima Trinidad: "Si alguno me ama —dice el Señor— guardará mi Palabra, y mi Padre le amará, y vendremos a él, y haremos morada en él"» (*Jn* 14, 23).

prende cuando se lee con el mismo espíritu con el que fue escrita; es decir, cuando se recibe como Palabra de Dios pronunciada en la tradición viviente de la Iglesia. De esta forma, el concepto de alianza se convierte en la clave interpretativa de todas las manifestaciones con las que Dios se revela a sus hijos.

Un análisis de las alianzas presentes en las Escrituras muestra que Dios siempre se comunica a sus hijos de la misma forma. Pablo y los Padres llaman a ese esquema de revelación «pedagogía», porque es como un método de enseñanza. Los Padres de la Iglesia describen la pedagogía divina como la actitud de un padre amoroso que instruye a su hijo pequeño: paso a paso, construye su confianza y su conocimiento, hasta que alcanza la madurez.

Orígenes decía en el siglo III d. C., que Dios ha elegido revelarse de forma adecuada a los niños: «Usa un lenguaje muy sencillo con sus hijos, como un padre que, al cuidar a los niños, balbucea como ellos»[8]. San Gregorio de Nacianzo añadía: «Dios, en sus manifestaciones al hombre, se adapta a él y habla con el lenguaje humano... para que, a través de sentimientos que corresponden a nuestra vida infantil, podamos ser conducidos como de la mano y hechos partícipes de la naturaleza, por medio de las palabras que su providencia nos ha dado»[9].

Leer las Escrituras con la intención con que fueron escritas supone entenderlas como una larga historia en la que el Padre instruye a sus hijos, les enseña y les pone a prueba. De esta forma, les prepara para recibir la vida divina, que es vida en el Espíritu, como hijos e hijas. Dios sigue en su actuación un método pedagógico bien descrito por san Agustín:

---

[8] ORÍGENES, *Fragmento sobre el Deuteronomio* 1, 21.
[9] SAN GREGORIO DE NACIANZO, *Contra Eunomio*. Cf. Stephen D. Benin, *The Footprints of God. Divine Accommodation in Jewish and Christian Thought*, State University of New York Press, Albany 1993, p. 52.

Como la de cualquier hombre, así la recta educación del género humano, que pertenece al pueblo de Dios, se desarrolla a través de ciertas etapas de tiempos, como en edades escalonadas. Así se eleva de lo temporal a lo eterno, y de las cosas visibles a las invisibles. De tal modo que, cuando Dios prometía premios visibles, se inculcaba el culto a un solo Dios a fin de que la mente humana, ni siquiera por esos beneficios terrenos de la vida transitoria, se sometiese a otro que no fuera el Creador y Señor del alma.

[...] Con toda razón, pues, el alma humana, incluso débil por los deseos terrenos, no acostumbra a esperar sino del único Dios todos los bienes bajos y terrenos, necesarios para esta vida transitoria, que desea en el tiempo, y que son menospreciables en comparación con los beneficios sempiternos de la otra vida, de tal modo que en el deseo de esos no se aleje del culto de Aquel a quien debe llegar, menospreciándolos y apartándose de ellos[10].

Agustín presenta un modelo de acomodación como un doble movimiento de condescendencia y elevación, de descenso y ascenso. Dios se inclina hasta alcanzar el nivel de sus queridos aunque humildes hijos para elevarlos hasta Él, para compartir con ellos su naturaleza divina. Por esta forma de acomodación, el Padre conduce a sus hijos hacia las realidades espirituales a través de las cosas temporales. Los lleva a lo invisible a través de las realidades visibles, los eleva de lo creado y humano a lo divino e increado[11]. En el Antiguo Testamento, gana la confianza de su pueblo, dándole lo que quiere, para que en el Nuevo Testamento pueda confiar en que Él les dará lo que realmente necesita.

A partir de la enseñanza de la Escritura sobre la economía y la pedagogía divinas, podemos conocer los planes y los métodos de Dios, y desde ellos podemos llegar a comprender quién es Dios.

---

[10] San Agustín, *La ciudad de Dios*, 10, 14.
[11] Sobre la economía, la condescendencia divina y la acomodación, cf. *Catecismo de la Iglesia Católica*, nn. 53, 56-57, 122, 236, 260, 684, 1093.

El Dios revelado en la Escritura es el Dios de la Alianza. Es un Padre que sella los momentos principales de la historia de la salvación con alianzas. A través de ellas, convierte a los hombres y mujeres no solo en criaturas suyas, sino en su misma imagen y semejanza, en hijos e hijas suyos. El Dios revelado por la Escritura es un Padre que se agacha para coger a sus hijos y los levanta, para que puedan participar de sus bendiciones.

Por último, el Dios de la Nueva Alianza se revela plenamente como una Trinidad que es familia en su núcleo más íntimo. El amor vital de esta familia es la fuente originaria de la economía, de la historia de la salvación, de la liturgia sacramental y de la alianza que es comunión.

* * *

Dios ha revelado su proyecto salvífico en Cristo, no solo para que estemos informados, sino para ofrecer al mundo la salvación, nuestra salvación.

Es cierto que la Palabra se ha dado a conocer para que la aprendamos, la estudiemos y la interpretemos. Pero detenernos en esto equivaldría a convertirla en letra muerta. La Palabra ha hablado para ser escuchada, proclamada y anunciada desde lo alto. Nuestra predicación de la Escritura debe estar respaldada en que la vivimos, la rezamos y la difundimos. Su fin es que la Sagrada Escritura quede grabada en los corazones y en las mentes, de los cristianos y de todos los hombres. El texto escrito ha de convertirse en Palabra viviente, de la que brota nueva vida, que recrea a hombres y mujeres a la luz del misterio de Cristo revelado por la Palabra de Dios.

Jesús nunca ha pedido a la Iglesia que publicara un libro, ni que obligara a leerlo.

Pero no podemos comprender los misterios de Dios sin que alguien nos acompañe (cf. *Hech* 8, 30-31; *Rom* 10, 14-15). Necesitamos un guía y ese papel corresponde a la Iglesia, a quien ha sido entregada la clave para penetrar las Escrituras. Ha recibido la promesa del Espíritu de la Verdad, para que la guíe y le enseñe en todo (cf. *Jn* 14, 26; 16, 12-14). Por eso Jesús, después de enseñar a sus Apóstoles a interpretar la Escritura, los envía para ser sus testigos: «Id ... haced discípulos... bautizándoles»[12]. Su predicación e interpretación de la Palabra sería el medio para llevar a los hombres y mujeres de todos los tiempos al bautismo y a los sacramentos del Nuevo Testamento.

Cuando el Señor abrió a sus discípulos las Escrituras, sus corazones ardieron con ellas[13]. Cuando ellos, a su vez, interpretaban las Escrituras, quienes escuchaban su predicación «se dolieron de corazón» (*Hech* 2, 37; cf. *Heb* 4, 12). Esta conmoción del corazón tendría que ser la meta del estudio de cada página sagrada: hacernos capaces de vivirla y proclamarla como vida que transforma la realidad, que recompone los corazones rotos y pone fuego en los corazones. Los cristianos tienen el cometido de «actualizar» las Escrituras, hacer que vivan y se conviertan en punto de inflexión en las vidas de quienes las reciben.

«¿Qué tenemos que hacer?» (*Hech* 2, 37), dijeron quienes oyeron a Pedro interpretar las Escrituras. «¿Qué impide que yo sea bautizado?» (*Hech* 8, 37), exclamó el etíope después de que Felipe le explicara las Escrituras. Es la reacción que pretendemos suscitar cuando predicamos, interpretamos y estudiamos la Palabra. Tendríamos que predicarla de una forma que realmente lleve a la conversión, a participar en la liturgia sacramental y sobre todo en la Eucaristía, que es donde se manifiesta plenamente el poder transformador de la Palabra[14].

---

[12] Cf. *Mat* 28, 19 (NdT).
[13] Cf. *Luc* 24, 32 (NdT).
[14] Cf. Pontificia Comisión Bíblica, *La interpretación de la Biblia en la Iglesia*, Vaticano, 1993, cap. IV, C.1: «En principio, la liturgia, y especialmente la liturgia

En la liturgia de la Iglesia se consuma la economía divina que revela la lectura apostólica de la Escritura. Podemos interpretar la historia de la salvación en su conjunto como un largo proceso de preparación de la liturgia sacramental, que es su fin. Hace algunos años, explicaba el significado de esto Jean Daniélou, gran teólogo y sobre todo gran hombre de Iglesia:

> Así hemos llegado a la doctrina tradicional. Los sacramentos han sido pensados en función de las acciones de Dios en el Antiguo y el Nuevo Testamento. Las obras de Dios en el mundo, sus acciones, son *mirabilia*, hechos que solamente pueden ser suyos. Dios crea, juzga, establece una alianza, está presente, santifica, entrega. Todas estas obras se despliegan en varias fases a lo largo de la historia de la salvación. Por eso, hay una analogía fundamental entre todas ellas. Los sacramentos son, sencillamente, la continuación, en la época de la Iglesia, de los actos de Dios en el Antiguo y el Nuevo Testamento. Aquí se encierra el significado específico de la relación entre Biblia y liturgia. La Biblia es historia sagrada, y la liturgia es también historia sagrada[15].

Por otra parte, Daniélou observa varias diferencias importantes. Los sacramentos no son acciones humanas. Se extiende a todos ellos lo que decía san Juan Crisóstomo de la Misa: nada de lo que sucede es meramente humano. Los sacramentos no se definen como algo que los seres humanos hacen por Dios, sino como algo que Dios hace por los hombres. No hay en ellos nada automático, mágico o mecánico, aunque son verdaderamente poderosos.

---

sacramental, de la cual la celebración eucarística es su cumbre, realiza la actualización más perfecta de los textos bíblicos, ya que ella sitúa su proclamación en medio de la comunidad de los creyentes reunidos alrededor de Cristo para aproximarse a Dios. Cristo está entonces "presente en su palabra, porque es él mismo quien habla cuando las Sagradas Escrituras son leídas a la Iglesia" (*Sacrosanctum Concilium*, 7). El texto escrito se vuelve así, una vez más, palabra viva».

[15] JEAN DANIÉLOU, «Los sacramentos y la historia de la Salvación», en *Historia de la salvación y liturgia*, Sígueme, Salamanca 1967, pp. 21-32.

El exégeta luterano Oscar Cullmann entendía los sacramentos como el cumplimiento de los tipos del Antiguo Testamento y de los milagros del Nuevo Testamento. Decía que estos eran hechos reales e históricos, pero también y sobre todo eran signos de los sacramentos que serían instituidos. Los sacramentos «ocupan el lugar... de los milagros del Verbo encarnado»[16].

Puede resultar algo desconcertante encontrar declaraciones como esta en un teólogo moderno como Cullmann, pero el descubrimiento no es nuevo. En realidad, recupera el pensamiento de los Padres y de los escritores del Nuevo Testamento; más aún, de Jesucristo mismo. Los Padres griegos, siguiendo a san Pablo, hablaban de los sacramentos como «los misterios», porque constituyen la plenitud de todas las alianzas que se sucedían en el «plan salvífico de Dios». La Iglesia y los Apóstoles, con todos sus sucesores son «ministros de Cristo y administradores de los misterios de Dios» (1 *Cor* 4, 1).

Los primeros cristianos explicaban los sacramentos con un método al que llamaban *mistagogia*. Este introducía a los cristianos en los misterios divinos, que son el plan oculto de la obra salvífica de Cristo, moviendo su conciencia de lo visible a lo invisible, de lo temporal a lo eterno, de lo humano a lo divino, de lo terreno a lo celestial, y de los sacramentos a los misterios[17]. Mientras la tipología manifiesta que Cristo es la plenitud de la Antigua Alianza, la mistagogia nos muestra que Cristo envía al Espíritu para que esa plenitud llegue a nosotros y nos introduzca en su Nueva Alianza[18].

Una Nueva Alianza que es el Cuerpo de Cristo, resucitado y ascendido a la Gloria. Irradia su gracia a través del Espíritu para llegar a cada uno de nosotros en la liturgia y los sacramentos.

---

[16] Oscar Cullmann, *Early Christian Worship*, Westminster, Philadelphia 1978, p. 118.

[17] Cf. *Catecismo de la Iglesia Católica*, nn. 1074-1075.

[18] Cf. Enrico Mazza, *Mystagogy. A Theology of Liturgy in the Patristic Age*, Pueblo, Collegeville (MN) 1989.

Desde entonces, la presencia de Dios ya no está circunscrita al Templo, como en el Antiguo Testamento. Ahora se manifiesta en la persona de Cristo, que se encuentra verdaderamente presente en los sacramentos. Con ellos, cumple los tipos del Antiguo Testamento y realiza los milagros del Nuevo Testamento. De nuevo, hay que decir que los tipos y milagros fueron hechos históricos, pero también «signos» de las «obras mayores» (cf. *Jn* 14, 12) que los Apóstoles habrían de hacer en la Iglesia. Eran signos de los sacramentos, que ahora son los que traen al mundo la gloria de Cristo.

La mistagogia ayuda a los cristianos a comprender que la historia de la salvación no ha terminado con la ascensión de Cristo. Se sigue realizando con la misión del Espíritu a la Iglesia, en su liturgia, donde la Palabra se convierte en acción, en una «actualización salvífica» que nos entrega realmente los frutos de su Pasión y de su Resurrección. Esta comprensión se manifiesta en todos los escritos de la Iglesia poco posterior a la Ascensión: desde los *Hechos* y las *Cartas*, pasando por el *Apocalipsis*, hasta las obras de los Padres de la Iglesia. Cristo, glorioso y en el Cielo, sigue actuando en la historia terrena, tanto en su dimensión cósmica como en la historia personal de cada uno. La Palabra que se hace viva en los sacramentos actúa a través de ellos en nuestros corazones. Como explica el *Catecismo*, en la liturgia de la Nueva Alianza, la Iglesia revela la plenitud de la economía de la salvación y nos da el poder, la gracia, para participar de ella, para vivirla[19].

En efecto, los sacramentos nos introducen en esa historia, convierten cada vida humana en un evento de la historia de la salvación. La mistagogia nos enseña que las grandes intervenciones de Dios en la historia de la salvación, las maravillas de

---

[19] La expresión «actualización salvífica» fue creada por Daniélou en «Los sacramentos y la historia de la salvación». Cf. *Catecismo de la Iglesia Católica*, nn. 1095, 1104.

Dios —la creación, el diluvio, el paso del Mar Rojo y demás— eran signos que anunciaban que con los sacramentos Dios haría llegar sus promesas a cada uno de nosotros. En la Creación del mundo, el Padre trajo todas las cosas a la vida, por su Palabra pronunciada en el Espíritu. Sigue haciendo lo mismo en el Bautismo, con el que nos comunica una nueva vida, que hace de cada uno de nosotros una nueva criatura.

La tipología presenta a un Dios que es Alianza. Su Palabra que se inclina a la creación es un paralelismo de la Palabra que llama a la existencia a cada criatura. Dios es un Padre que, por medio de las alianzas, instaura y fortalece un vínculo sagrado de realeza y de comunión entre Él y sus hijos. Daniélou ilustra esto de una forma muy bella:

> Alianza es el acto por el que Dios promete, de forma irrevocable, establecer una comunión de vida con el hombre. Cristo realiza la nueva y eterna alianza [...] No debemos olvidar que *«la Alianza» fue uno de los nombres que el Cristianismo primitivo daba al Señor, siguiendo en esto el texto de Isaías: «te he destinado para Alianza del Pueblo»* (Is 42, 6). El Bautismo supone nuestra introducción en esta alianza, que también establece, con las promesas de Dios y del hombre. [...] Y, como la Alianza representa nuestra unión con Dios, también es nuestra incorporación al Pueblo de Dios[20].

La mistagogia nos ayuda a comprender que los sacramentos son juramentos de alianza, a través de los cuales Dios se vincula personalmente con cada uno de nosotros en su Nueva Alianza, en el Nuevo Testamento.

En las alianzas antiguas, se debía responder al compromiso de Dios con un acto de fe, una promesa de fidelidad, y un sacrificio que sellara la alianza. Estos elementos no han cambiado en la Nueva Alianza. Debemos responder a la Alianza

---

[20] Jean Daniélou, «Los sacramentos y la historia de la salvación»; la cursiva es del autor.

que se nos ofrece en Cristo comprometiéndonos a vivir la «obediencia de la fe» (*Rom* 1, 5; 16, 26). El lugar para hacerlo es la liturgia sacramental. Pronunciamos un juramento, al que damos nuestro consentimiento, y nos comprometemos a una entrega personal a Dios, que nos hace herederos de las promesas de su alianza, por ser hijos de la familia de Dios.

La mistagogia y la liturgia de la Iglesia primitiva explicitaban que la esencia de los sacramentos es una alianza, sobre todo en el Bautismo y la Eucaristía. Nosotros tenemos que alcanzar de nuevo esa comprensión. Necesitamos recuperar el sentido del poder salvífico que tiene la Palabra de Dios, y de la respuesta de fe a la que nos invita en la liturgia.

* * *

Como conclusión de estas reflexiones, debería resultar claro que la liturgia está lejos de ser simplemente un rito simbólico, porque no hay realismo mayor que el de los sacramentos. Son prolongación directa, en nuestras vidas, de la obra creadora, redentora y reveladora de la Palabra eterna que se ha hecho carne en Jesús y que ha inspirado la Sagrada Escritura. Por eso san Pedro describe a los recién bautizados como «engendrados de nuevo [...] por medio de la Palabra de Dios, viva y permanente» (1 *Pe* 1, 23).

La Palabra de Dios siempre es eficaz, siempre es una nueva creación. Cuando Dios dice «hágase», no describe cosas que ya existen, sino que está configurando lo que va a existir. Cuando dice «voy a establecer mi alianza con vosotros... seréis mi pueblo», está creando un pueblo donde antes no lo había (cf. 1 *Pe* 2, 10).

También en la liturgia, por el poder del Espíritu, las palabras se convierten en hechos y el discurso expresa el pensamiento creador de la Santísima Trinidad. Las palabras iluminan los misterios, los actualizan, los hacen presentes, cumplen las promesas que anuncian. Nuestras palabras no pueden hacer todo esto; solo la Palabra de Dios, vivificada por el Espíritu Santo, puede obrar estas cosas. Cuando el sacerdote repite las palabras de Cristo, «esto es mi Cuerpo», en el momento central de la Misa, hace mucho más que pronunciar unas palabras. Está cumpliendo el mandato de Cristo cuando dijo «haced esto». Está entregando a los fieles, arrodillados al otro lado del altar, algo que no estaba allí antes de que pronunciara esas palabras.

Se cumple lo mismo en los demás sacramentos: «yo te bautizo», «yo te absuelvo», etc. San Agustín decía que la Palabra, cuando es pronunciada por el ministro de la Iglesia, transforma los elementos del sacramento: confiere al agua del bautismo, por ejemplo, su poder salvífico[21]. Por la promesa de Cristo, la Palabra del sacerdote no es suya propia, sino la Palabra de aquel que le envió (*Luc* 10, 16).

Decíamos que las Escrituras tienen una doble autoría, humana y divina, porque el Espíritu Santo busca la cooperación de escritores humanos. De modo similar, también la liturgia sacramental tiene una «doble autoría», ya que la Palabra de Cristo es pronunciada en el Espíritu por el ministro humano. La Iglesia entiende los sacramentos en plena sintonía con nuestra fe en el poder de la Palabra de Dios, en la economía y pedagogía divinas, que se identifican con el proyecto de Dios y con los métodos para llevarlo a cabo. Dios revela su verdad divina y nos da la gracia y el Espíritu sirviéndose de estos principios y contando siempre con colaboradores humanos.

---

[21] SAN AGUSTÍN, *Tratado sobre el Evangelio de san Juan,* 80, 3 (PL 35,1840): «Se une la Palabra a la material, y se hace el sacramento [...] porque, aun en esta palabra misma, una cosa es el sonido transitorio, otra la eficacia permanente». Cf. *Catecismo de la Iglesia Católica,* n. 1228.

CAPÍTULO 13
LA SACRAMENTALIDAD
DE LA ESCRITURA

Somos bastante conscientes de que la Escritura usa símbolos, metáforas, analogías y recursos literarios. Sin embargo, la interpretación católica de la Biblia es principal y mayoritariamente de tipo histórico-literario. Como decía Hugo de san Víctor, uno de los principales teólogos medievales, *historia fundamentum est*[1], la historia es fundamental, porque es el fundamento de todo.

Sin la Escritura, no tendríamos acceso alguno a la verdad de la historia bíblica. El concilio Vaticano II, en su Constitución sobre la Divina Revelación, *Dei Verbum*, hace referencia a una «unidad interna» de palabras y hechos en la historia. Dios es el sujeto de las palabras y de las acciones. Y lo que Dios dice interpreta lo que ha hecho, dando a conocer el sentido de sus actos.

¿Por qué Dios ha actuado en la historia de la forma en que lo ha hecho? La respuesta se resume en una sola palabra: amor. En el capítulo 4 del *Deuteronomio*, Moisés resume la historia

---

[1] HUGO DE SAN VICTOR, *De Sacramentis* I, VI, v; 97 (NdT).

de la relación de Dios con el género humano, especialmente con Israel, con la frase «porque amó a vuestros padres y eligió a su descendencia»[2].

Dios actúa de un modo concreto y elige una forma de hablar en la historia porque ama. Su discurso es más que el conjunto de palabras y proposiciones. El amor exige por naturaleza que haya unidad interna entre las palabras y los actos. Así, la integridad del don de sí mismo que Dios hace da validez real al amor que declara a lo largo de la historia.

Esta idea se concluye de la lectura de la Biblia, incluso cuando lo único que se busca en un primer momento es comprender el sentido literal del texto.

Hemos de recordar, ante todo y sobre todo, que la Biblia tiene dos autores, Dios y los hombres. Los fundamentalistas se caracterizan por no tener en cuenta este punto. Dios es el autor principal de la Escritura, pero no sustituye a los autores humanos. El misterio de la inspiración divina es perfectamente compatible con la autoría humana, por lo que no podemos dejarla de lado en el análisis literario. Si se diera el caso, tendríamos que revisar completamente ese análisis para respetar la verdadera autoría de los escritores humanos.

Para comprender el significado de la Escritura, solemos analizar la obra con las herramientas literarias comunes, es decir la gramática, la lógica y la retórica. La gramática estudia el significado de las palabras y de las combinaciones entre ellas. La lógica se propone encontrar la verdad de esas palabras y frases. La retórica analiza el poder de persuasión de las palabras o, dicho de otro modo, se pregunta si se ha expresado el contenido de forma convincente.

En este proceso, hemos de evitar el «literalismo», porque tanto la gramática, como la lógica y la retórica incluyen ele-

---

[2] *Dt* 4, 37 (NdT).

mentos figurados. La tarea del intérprete es identificar el discurso figurado y sus recursos literarios, como metáforas, símiles, sinécdoques, etc. Busca todas las técnicas que perfeccionan el discurso y hacen de la comunicación una realidad muy humana. No es que le mueva una especie de obsesión por traspasar la frontera de lo literal; simplemente es consciente de que las palabras que componen un texto tienen significado a muchos niveles, y muy diferentes entre sí.

Reconoce también que los signos —letra, palabra, frase, párrafo, el libro mismo es un conjunto de signos— remiten a una verdad histórica. Por supuesto, esto no significa que todas las «verdades» sean eventos históricos. Por ejemplo, las advertencias éticas de la *Carta de Santiago* no son «hechos», porque la carta no pretende hacer una narración histórica. No obstante, si queremos comprender las verdades éticas de la carta, tenemos que conocer el contexto histórico de la Iglesia del siglo i d. C.

El proceso de análisis histórico es parecido al que hacemos cuando tratamos de identificar formas literarias como parábola, canción o poesía, o cuando buscamos figuras y recursos literarios. En último término, el fin de la búsqueda es determinar la verdad histórica contenida en el texto. Este puede referirse principalmente a la verdad de un hecho —por ejemplo, la Crucifixión—, o a la realidad de una criatura —como el agua, la luz, las montañas, los árboles, etc.—; también puede contener verdades éticas acerca de la naturaleza humana. Pero, en todo caso, el sentido literario siempre se enmarca en un contexto histórico.

Así como los aspectos literarios se entienden en términos de gramática, lógica y retórica, los aspectos históricos del texto se interpretan en términos de tiempo, cultura y religión. En cuanto al tiempo, es necesario comprender el periodo y sus principales eventos. Analizar la cultura es necesario para entender el contexto literario y las costumbres. Muchos libros se comprenden bien desde estos dos aspectos, pero en el caso de la Biblia, no podemos detenernos en el contexto histórico y cultural. Si queremos comprender a fondo los textos, en su entorno social y cultural, tenemos que analizar la concepción religiosa, porque es lo que querían transmitir los autores de la Biblia a sus lectores.

Por decirlo de otro modo: se admita o no que Dios habla en la Escritura, solo se puede comprender plenamente el contenido que querían transmitir los escritores cuando se leen los textos en su mismo lenguaje. Y ellos emplean términos inequívocamente religiosos.

Pongamos un ejemplo. Cuando la Escritura habla del «Templo», el lector no puede imaginar simplemente un gran edificio, con una cúpula, al que la gente acude a rezar. Para el autor bíblico, la palabra «Templo» significaba mucho más que la arquitectura sagrada. El Templo era el núcleo y el santuario central, era la sede del gobierno divino y el lugar para la adoración. Era como el lugar donde se podía recibir crédito a la vez que se entregaba el Credo. Algo así como Wall Street, la Casa Blanca, Oxford y el Vaticano fundidos en una sola institución.

Si nos detenemos en la lectura literal de los textos, si no prestamos atención a su sentido religioso, nos perderemos la parte más importante del significado de todos los textos de la Escritura, de cualquier género.

Así, estudiamos el sentido literario porque nos ayuda a determinar la verdad histórica de los eventos, ideas y conceptos; pero el sentido completo que queremos comprender es de carácter religioso.

Para leer la Biblia en los términos en que ha sido escrita, también tenemos que dejar de lado la idea moderna de que la religión es un asunto individual y meramente privado.

Los escritores de la Biblia, como los hombres del mundo clásico en general, entendían que la vida es esencialmente religiosa. Cicerón, en la antigua Roma, definía la *religio*, o religión, como «virtud de virtudes», porque era la única que podía unir e integrar todos los aspectos de la vida humana: interior y exterior, personal y social, privada y pública.

El antiguo Israel comprendía así el significado religioso de la vida. Las palabras de la Biblia se proponían transmitir, por medios literarios, verdades históricas acerca del sentido religioso de la vida humana. Los escritores de la Biblia solo encontraban sentido a la historia desde Dios.

El mensaje de la Biblia es que toda la historia de Israel tiene un sentido religioso: sus victorias y éxitos, sus derrotas y exilio, su cautividad y su liberación. Pero los escritores no se limitaban a «deducir» ese mensaje de la historia de Israel. Cuando leemos sus escritos según su mente, comprendemos que ellos creían firmemente que Dios es el principio y el fin de la historia, y que el significado completo de los hechos, actuales o pasados, solo se comprende en referencia a las obras de Dios. Sin él, se pierde de vista la meta, el propósito al que se dirigen todos esos eventos.

A lo largo de la historia, lo humano y lo divino se conjugan sin disminuir la libertad del hombre. Algo similar sucede en el misterio de la inspiración de la Escritura, donde la acción de Dios que inspira reduce la libertad de los autores humanos de la Biblia.

Este modo de pensar se deduce directamente del misterio de la Encarnación. Por él profesamos que Cristo es verdaderamente humano, en cuerpo y alma. Ha tenido una vida corporal a todos los niveles: cinco sentidos, emociones humanas y todo lo demás. También ha tenido una vida humana en el aspecto psicológico: alma, inteligencia y voluntad. Nada de esto disminuye su divinidad, sino que la demuestra. Ser divino no le ha hecho menos humano; al contrario, ha hecho que viviera cada experiencia humana al máximo.

De modo semejante, los escritores humanos fueron elevados por el don que habían recibido del Espíritu Santo, aunque no fueran conscientes de ello. Del mismo modo que nada de lo humano es ajeno a Cristo, excepto el pecado, tampoco nada de lo humano es ajeno a la Escritura, excepto el error.

En la inspiración de la Escritura, la gracia construye sobre la naturaleza. Más aún, la gracia colma los deseos de la naturaleza humana y además supera los límites de las aspiraciones humanas. Es algo muy bonito, porque la gracia no solo satisface y colma nuestras aspiraciones, también las trasciende infinitamente. En cierto sentido, se puede decir que la gracia nos entrega lo que «ni ojo, vio ni oido oyó, ni pasó por el corazón del hombre» (1 *Cor* 2, 9).

Cuando leemos e interpretamos la Biblia, tenemos que respetar el misterio de la inspiración divina. Tenemos que creer lo que han dicho los propios escritores: no deseaban trasmitir un punto de vista personal sobre las cosas, sino el punto de vista de Dios. La fe no destruye ni sustituye a la razón. Construye sobre la razón, de la misma forma que la gracia se apoya en la naturaleza. La fe presupone la razón y construye sobre ella, para sanar los defectos del pecado y del error, para perfeccionarla y ayudarla a razonar de forma más razonable, para que podamos pensar sobre cosas que la razón por sí misma no podría conocer ni demostrar.

En este aspecto, la interpretación está sostenida y como envuelta por una especial gracia espiritual, el carisma de la interpretación. La inspiración divina no termina con la muerte del último escritor de la Biblia. Es cierto que la inspiración como tal es una propiedad que se atribuye solamente a los autores de la Escritura. Pero la Iglesia vive del mismo Espíritu que ha inspirado a los autores bíblicos. En la liturgia, en los dogmas y en sus enseñanzas, la Iglesia transmite el sentido literal y las verdades históricas reveladas por la Escritura, para mostrar el sentido religioso de la historia de la salvación, que se sigue realizando.

Si leemos las Escrituras «con el Espíritu en el que fueron escritas», según recomienda la Iglesia, su sentido religioso se hace más amplio y más profundo. Igual que Ezequiel (cf. *Ez* 47), nos encontramos en medio del torrente de la historia de la salvación: el agua nos llega primero a los tobillos, después crece hasta las rodillas, y hasta la cintura. Llega a ser demasiado profunda para sondearla. Así se encuentra el intérprete que lee el sentido literal y la verdad histórica del texto bíblico, buscando su sentido religioso y teológico.

Cuando se lee con esta fe, el Espíritu recoge y eleva el sentido religioso de la historia. Los autores humanos de la Escritura usaban palabras para contar la verdad de la acción de Dios en la historia. Como dice el *Catecismo*, se pone de manifiesto que las palabras de la Escritura, así como los eventos y realidades que describen, son signos y misterios.

La Tradición dice que la Escritura tiene «sentidos espirituales» que se construyen sobre el sentido literal e histórico. Esos sentidos no se yuxtaponen, como el aceite sobre el agua, sino que transforman la realidad preexistente, al igual que el agua que se convierte en vino. El sentido espiritual transforma el significado histórico y literario del texto. El vino conserva algunos elementos y propiedades del agua, pero es algo mejor. De la misma forma, el sentido espiritual aporta un realismo metafísico que incorpora la historia pero se eleva sobre ella y le otorga un significado mucho más amplio.

Dice san Juan, en el capítulo 2 de su evangelio, que Jesús es el cumplimiento de todo lo que prefiguraba el Templo[3], para ayudarnos a comprender que Jesús es infinitamente mayor que el Templo. Pero esa plenitud del Templo no se limita a Jesús mismo o a su cuerpo: Jesús la extiende a cada cristiano por medio de la Iglesia. De esta forma, podemos decir, con san Pablo en 1 *Cor* 3, que la Iglesia es el Templo y que cada uno de nosotros es un templo (cf. 1 *Cor* 6).

---

[3] Cf. *Jn* 2, 19 (NdT).

La lectura espiritual de la Escritura nos hace comprender que la realidad presente en la tierra por el estado de gracia se amplía hasta el infinito en el estado de gloria del Cielo. El *Apocalipsis* describe la Nueva Jerusalén como el *Santo de los Santos*, que era el núcleo del Templo de Jerusalén. Pero entre los dos lugares existe una diferencia importante, porque el *Santo de los Santos* era inalcanzable en la tierra, y sin embargo el Templo de la Jerusalén celeste estará al alcance de todos los hombres.

Un estudioso serio de la Biblia tendría que ver con optimismo su capacidad para comprender la Escritura, en su sentido literal y espiritual. Nuestros esfuerzos —estudio, contemplación, oración— nos ayudan a crecer, pero Dios coronará nuestros logros con su gracia. Cuando lo haga, estará completando la obra que Él mismo ha empezado, porque el mero deseo de conocer las Escrituras ya es, en sí mismo, una gracia.

Los lectores de la Biblia tienen que imitar a Ezequiel en el Antiguo Testamento y a Juan, como vidente, en el Nuevo. Necesitamos «comer» los textos sagrados: consumirlos y convertirlos en parte de nuestra vida. Necesitamos asimilar la Palabra como el alimento. Tenemos que encontrar el pan de vida en la Escritura de la misma forma que lo encontramos en la Eucaristía.

El Vaticano II ha destacado la unión entre Escritura y Eucaristía: «La Iglesia ha venerado siempre las Sagradas Escrituras al igual que el mismo Cuerpo del Señor, no dejando de tomar de la mesa y de distribuir a los fieles el pan de vida, tanto de la palabra de Dios como del Cuerpo de Cristo, sobre todo en la Sagrada Liturgia»[4]. El tema se ha hecho recurrente en el Magisterio posterior. Cuando acababa de comenzar su

---

[4] El concilio Vaticano II insiste además en que no se deben separar los dos aspectos. Cf. Concilio Vaticano II, Constitución Dogmática sobre la Divina Revelación, *Dei Verbum*, n. 21.

pontificado, Juan Pablo II recordaba esta relación a una multitud reunida en Jasna Gora, Polonia: «Él prepara, en efecto, ante nosotros, como han descrito de modo expresivo y simbólico los Padres de la Iglesia, dos mesas: la mesa de la Palabra de Dios y la mesa de la Eucaristía. El trabajo que asumimos para nosotros mismos consiste en acercarnos a esas dos mesas para participar en ellas a manos llenas»[5].

Benedicto XVI ha subrayado que el documento se ordena al sacramento. La palabra de vida nos conduce al pan de vida: «"La Iglesia recibe y ofrece a los fieles el Pan de vida en las dos mesas de la Palabra de Dios y del Cuerpo de Cristo". Por tanto, se ha de tener constantemente presente que la Palabra de Dios, que la Iglesia lee y proclama en la liturgia, lleva a la Eucaristía como a su fin connatural»[6].

---

[5] JUAN PABLO II, *Alocución a los seminaristas y novicios*, Jasna Gora, 6 de junio 1979, n. 3. Volvería sobre la misma idea varias veces. Por ejemplo, cf. *Mane Nobiscum Domine*, n. 12; *Dominicae Cenae*, n. 10; y *Discurso a la conferencia episcopal de Austria en visita ad limina*, 20 de noviembre 1998, n.10.

[6] BENEDICTO XVI, Exhortación Apostólica Postsinodal, *Sacramentum Caritatis* (2007), n. 44. Cita la *Propositio* 18 del *Instrumentum Laboris* para el sínodo de 2006 sobre la Eucaristía (NdT).

CAPÍTULO 14

EL TESTAMENTO EN EL CORAZÓN DE LA IGLESIA

Otro tema recurrente en el magisterio reciente de los Papas es el «corazón de la Iglesia». Con esta expresión nos dicen que del corazón de la Iglesia (*ex corde ecclesiae*) nacen obras como los himos de alabanza, grandes empresas como las universidades o, sobre todo, la vida de los santos[1].

¿Cómo leer la Biblia «desde el corazón de la Iglesia»? La expresión puede tener muchos sentidos, todos ellos importantes. Ante todo, nos invita a acudir a las Escrituras con una disposición confiada, propia de los hijos de nuestro Padre Dios y de nuestra Madre la Iglesia. De este modo, leeremos los textos en el contexto de una comunidad mucho más amplia que un grupo local de estudio, porque es la Comunión de los Santos. En ella nos hablan las voces de la Tradición católica y de una multitud de testigos de todos los tiempos que sigue intercediendo por nosotros. Tendremos por guía al Espíritu Santo, que habla a través del Magisterio de la Iglesia.

---

[1] Cf. Juan Pablo II, Constitución Apostólica *Ex Corde Ecclesiae*, sobre las universidades católicas, 15 agosto 1990 (NdT).

Junto a esto, nos pide que leamos la Biblia en su propio entorno natural y sobrenatural. En otras palabras, reclama que leamos la Biblia en la liturgia.

Biblia y liturgia han sido creadas una para la otra. Esta afirmación era totalmente evidente para los Apóstoles y los Padres de la Iglesia, ya que en su tiempo no existía la imprenta y eran muy pocos los que podían disponer de copias manuscritas. La gente no estaba acostumbrada a leer las Escrituras, sino a empaparse de ellas, principalmente en la Misa. Para ellos, el Nuevo Testamento era a la vez el documento y el sacramento unidos. Por eso, se hizo para la Misa una imponente selección de textos bíblicos, que siempre ha integrado amplias lecturas de las dos alianzas, la antigua y la nueva.

La Iglesia primitiva consideraba la Biblia como un libro litúrgico. Buena muestra de ello es que el canon —la lista oficial de libros de la Biblia— fuera compuesto para limitar el número de textos que se podían usar como lecturas en la Misa.

Con todo, la relación entre ambas es aún más profunda, porque los textos de la Escritura presuponen el contexto de la Misa. Al parecer, los Apóstoles y evangelistas escribieron pensando en la proclamación litúrgica.

Para leer el Nuevo Testamento como ellos lo escribieron, tenemos que leerlo desde el corazón de la Iglesia. Y ese corazón es necesariamente eucarístico, porque es el mismo corazón de Jesús.

* * *

El único acto en el que un católico participa semanalmente es la Misa, y el único libro cuya lectura escucha en ella es la Biblia. Dado que las Misas dominicales y de festivos incluyen normalmente tres lecturas de los dos testamentos, y una cuarta del *Libro de los Salmos*, el católico medio invierte unas quince horas al año en estudiar la Biblia. Si a esto se suman las partes claramente bíblicas de la Misa (el «Santo, Santo, Santo», el «Cordero de Dios», el «Señor, ten piedad», etc.), ese tiempo medio anual puede duplicarse o triplicarse. La cifra se hace impresionante en el caso de los católicos que asisten a Misa diaria, incluso podría superar el tiempo que dedican algunos especialistas.

Para enseñar a la gente a estudiar la Biblia con fe, los expertos han escrito grandes volúmenes, y no pocos santos se han dejado la vida. A continuación, nos limitaremos a concretar tres breves principios de interpretación, establecidos por el concilio Vaticano II en su Constitución Dogmática sobre la divina Revelación, *Dei Verbum*, y recogidos por el *Catecismo de la Iglesia Católica*:

— Prestar una gran atención «al contenido y a la unidad de toda la Escritura» (CEC 112);
— Leer la Escritura en «la Tradición viva de toda la Iglesia» (CEC 113);
— Estar atento «a la analogía de la fe» (CEC 114).

El primer criterio nos protege de la tentación de sacar de contexto los versículos, para hacerles decir cualquier cosa excepto la que querían transmitir sus autores, divino y humano. El contexto auténtico de cada versículo de la Biblia es el conjunto de palabras y párrafos que lo rodean, es decir, el libro al que pertenece. Pero ese libro concreto forma parte de la Biblia, *del libro de la Biblia*. En consecuencia, el contexto literario completo de un versículo se amplía a toda la Escritura, desde el *Génesis* al *Apocalipsis*. La Biblia, en efecto, es un texto unitario, no una colección de libros distintos.

El segundo criterio arraiga la Biblia en el contexto de una comunidad que atesora una «tradición viva». Es la Comunión de los Santos. La única forma de comprobar la validez de nuestras interpretaciones es confrontarlas con la tradición de intérpretes que nos han precedido. Nuestros antecesores tienen mucho que enseñar, por lo que siempre debemos tenerlos en cuenta. Este sistema nos preserva de la omnipresente arrogancia de creer que acabamos de alcanzar la cima del conocimiento humano. Los católicos deberíamos tener la humildad de aprender del pasado, sabiendo que la tradición sigue viva en la predicación de los santos y en la enseñanza de la Iglesia. Las tendencias interpretativas vienen y van, pero la verdad permanece inalterable.

El tercer criterio conduce a analizar los textos de la Escritura en el marco de la integridad de la fe católica. Si creemos que la Escritura ha sido inspirada por Dios, también debemos creer en la coherencia interna que la une a toda la doctrina católica. Los dogmas de la Iglesia no son añadidos a la Escritura. Recordemos que los dogmas son la interpretación que la Iglesia hace de la Escritura.

* * *

Benedicto XVI reflexionó ampliamente sobre estos tres criterios en la Exhortación Apostólica *Verbum Domini* (Palabra de Dios), del 2010. Se puede decir con fundamento que es el documento más importante sobre la Escritura que la Iglesia ha promulgado en muchos años.

En esa carta, el Papa retrocedía hasta los orígenes de la Iglesia, donde encontraba que «la hermenéutica de la fe respecto a la Sagrada Escritura debe tener siempre como punto de referencia la liturgia» (n.52). En otras palabras: no se puede encontrar el sentido del documento del Nuevo Testamento prescindiendo del sacramento del Nuevo Testamento. El estudio de la Biblia, en casa o en grupos, incluso en la universidad o el seminario, constituye una ayuda importante, pero su sentido completo solo puede alcanzarse en esta tierra con la participación en la Misa.

Benedicto XVI explicaba esta relación de una forma tan precisa que es necesario reproducirla por extenso:

Palabra y Eucaristía se pertenecen tan íntimamente que no se puede comprender la una sin la otra: la Palabra de Dios se hace sacramentalmente carne en el acontecimiento eucarístico. La Eucaristía nos ayuda a entender la Sagrada Escritura, así como la Sagrada Escritura, a su vez, ilumina y explica el misterio eucarístico. En efecto, sin el reconocimiento de la presencia real del Señor en la Eucaristía, la comprensión de la Escritura queda incompleta[2].

El Santo Padre prosigue afirmando que la Biblia no tiene un carácter meramente informativo, sino *performativo*. Es decir, su lectura nos lleva a una acción: la Eucaristía, a la que Jesús dio un poder transformador[3].

Aunque se puede y se debe estudiar la Biblia, su fin principal era ser proclamada e interpretada en el contexto del culto litúrgico. La Biblia tiene su hogar en la Iglesia, y de forma muy particular en la Misa, porque en ella se manifiesta con todo su esplendor, a la vez que podemos meditarla con ayuda de la homilía y en la oración personal. En este sentido, dice el Papa que «el lugar originario de la interpretación escriturística es la vida de la Iglesia»[4].

La Tradición católica no quiere que nos detengamos en las palabras, sino que fijemos nuestra atención en la Palabra, porque la plenitud de la Revelación es la persona de Jesucristo. La afirmación de que «el Verbo se hizo carne», que es el núcleo de esa Revelación, precede y supera a las palabras de la Escritura. La Palabra de Dios sale una y otra vez a nuestro encuentro: en la Creación, en la Tradición sagrada, y en una sinfonía compuesta por infinitas formas.

En todo caso, solo la Escritura nos entrega la Palabra de Dios con palabras humanas. Dice Benedicto XVI que la Escri-

---

[2] Benedicto XVI, Carta Encíclica *Verbum Domini* (30 septiembre 2010), n. 55.
[3] *Ibid.*, n. 53.
[4] *Ibid.*, n. 29.

tura pronuncia la Palabra «en modo muy singular»[5]. De principio a fin, en los dos Testamentos, el elemento que une las palabras de la Biblia es que todas hablan de la Palabra de Dios. Como escribió san Agustín: «Recordad que es una sola la Palabra de Dios que se desarrolla en toda la Sagrada Escritura y uno solo el Verbo que resuena en la boca de todos los escritores sagrados»[6]. Hay dos Testamentos, docenas de libros y varios miles de palabras, pero la Biblia sigue siendo una.

Benedicto XVI recuperaba así una idea muy frecuente en los Padres del siglo III d. C., tomada a su vez de san Pablo y quizá del profeta Isaías: Jesucristo es *la Palabra*, pero Dios ha «abreviado» su Palabra para nuestro bien. «La Palabra eterna se ha hecho pequeña, tan pequeña como para estar en un pesebre. Se ha hecho niño para que la Palabra esté a nuestro alcance»[7]. Se recreaba en esta idea de la «abreviación», y volvía a proponerla como punto de reflexión para nuestro tiempo.

La Encarnación manifiesta hasta dónde llega el amor de Dios por nosotros. Ha amado tanto al mundo como para entregarnos a su único Hijo, que se adapta a nuestra forma humana para hacernos capaces de adaptarnos a su forma divina. Desea que viviamos como hijos que comparten su naturaleza divina (cf. 2 *Pe* 1, 4; y 2 *Cor* 8, 9).

Esa intención de Dios es nada menos que la salvación, nada menos que el Evangelio y nada menos que el Nuevo Testamento.

---

[5] *Ibid.*, n. 17.
[6] SAN AGUSTÍN, *Enarrationes in Psalmos*, 103, IV, 1 (*PL* 37, 1378). Citado en BENEDICTO XVI, *Verbum Domini*, n. 18.
[7] *Ibid.*, n. 12.

CAPÍTULO 15
VOLVER AL PRINCIPIO

La historia es muy, muy antigua.

En el siglo IV d. C. y en el Norte de África vivía un joven profesor de retórica, de nombre Agustín. Su carrera avanzaba de éxito en éxito, pero él separaba completamente su trabajo del estudio de la Biblia. En realidad, su primer contacto con los estudios bíblicos tuvo lugar cuando era adolescente: como parte de su búsqueda de la verdad, se interesó por la Sagrada Escritura, pero la rechazó. El motivo fue que el lenguaje y las conductas que presentaba el Antiguo Testamento le parecieron vulgares. A continuación, dirigió su atención hacia las corrientes de pensamiento más en boga: el maniqueísmo y el neoplatonismo. Las dos prometían que su doctrina era demostrable por la sola razón. Agustín permaneció en ellas a lo largo de toda su carrera académica, durante la cual aceptó puestos de maestro en Cartago, en Roma y finalmente Milán, la capital administrativa del Imperio.

Allí se produciría su reencuentro con la Biblia como si fuera la primera vez. Sucedió durante la liturgia, en una Misa en Milán, en la que la predicación del obispo, san Ambrosio, le hizo percibier todo el valor natural y sobrenatural de la Biblia. «Le oía predicar al pueblo rectamente la palabra de la verdad todos los domingos, confirmándome más y más en que podían ser sueltos todos los nudos de las maliciosas calumnias que aquellos engañadores nuestros levantaban contra los libros sagrados»[1].

Quien escribe se cuenta entre las mejores inteligencias del siglo IV, cuya luz ha guiado a muchas personas a lo largo de toda la historia. Sin embargo, Agustín no encontró la gracia para comprender la Escritura en los estantes de una biblioteca, ni en su escritorio; fue en la nave de una catedral. A su lado podían estar escuchando tenderos y pescaderos, costureras y mendigos. Lo único que les reunía allí era su dependencia de la gracia salvífica del Nuevo Testamento, que se entrega en la liturgia de la Iglesia y por la predicación de un obispo, sucesor de los Apóstoles. Ambrosio logró que Agustín comprendiera el Antiguo Testamento porque, siguiendo la Tradición de la Iglesia, hizo una interpretación tipológica, mostrando que anuncia la plenitud en el Nuevo Testamento.

Agustín decía a Dios: «Me persuadiste [...] de que más que los que creen en tus libros, que has revestido de tanta autoridad en casi todos los pueblos del mundo, deberían ser culpados los que no creyesen en ellos; y que así no debía dar oídos a los que tal vez me dijeren: "¿De dónde sabes tú que aquellos libros han sido dados a los hombres por el Espíritu de Dios, único y veracísimo?" Porque precisamente esto era lo que mayormente debía creer»[2].

Para Agustín, el acercamiento a la Escritura significó apartarse definitivamente de sus convicciones filosóficas anteriores. Para explicar su cambio de mentalidad, compuso un diálogo autobiográfico titulado *Contra Académicos*. Varias décadas

---

[1] SAN AGUSTÍN, *Confesiones*, 6, 3, 4.
[2] *Ibid.* 6, 5, 7.

después, resumiría esta obra y esta etapa de su vida: «Para disipar de mi espíritu con cuantas razones pudiese, porque todavía me preocupaban sus argumentos, que llevan a muchos a la desesperación de poder encontrar la verdad, e impiden asentir a cosa alguna, y que el sabio apruebe lo más mínimo como evidente y cierto, con el pretexto de que todo les parece oscuro e incierto. Esto lo hice con la misericordia y la gracia del Señor»[3].

Agustín quería que ese diálogo respondiera a la verdad histórica. No obstante, algunos intérpretes modernos piensan que abusa de la alegoría en algunos detalles secundarios del relato.

En dos momentos de esa obra, la madre de Agustín, Mónica (que en el texto aparece como «nuestra madre») interrumpe el diálogo de Agustín con sus compañeros. Les llama y les dice «venid a comer... la comida está lista». Cuando narra ambas intervenciones, Agustín parece indicar que para encontrar la verdad no hace falta sostener debates interminables, sino acudir a la mesa de nuestra Madre, la Iglesia.

Fue allí, en el altar y en la liturgia, donde Agustín encontró una exégesis convincente, a través de la predicación de Ambrosio. Allí obtuvo la comprensión que no había logrado con su estudio individual, con la enseñanza en público, ni en su incansable búsqueda. Como resumía Benedicto XVI, «el lugar originario de la interpretación escriturística es la vida de la Iglesia»[4].

Agustín nunca se encontró solo ante ese altar, porque en la liturgia le acompañaban todos los santos y ángeles del cielo, y todos los ciudadanos de la tierra, en su impresionante diversidad. La mayoría de ellos habían llegado al altar pasando por la historia de la alianza, que transmiten los Testamentos y cuyo

---

[3] SAN AGUSTÍN, *Retractaciones* 1.1.1.
[4] BENEDICTO XVI, Exhortación apostólica postsinodal *Verbum Domini*, n. 29.

138

poder se manifiesta en los sacramentos. Los santos nunca han tenido reparo en reconocer que las Escrituras carecen del estilo de Séneca y de la retórica de Cicerón porque en un juicio, por ejemplo, la elocuencia no obtiene una declaración de inocencia. En la Iglesia, en cambio, la contrición que se expresa en los Salmos siempre obtiene la misericordia de Dios.

En cuanto a los absurdos en que antes solía tropezar, habiendo oído explicar en un sentido aceptable muchos de sus lugares, atribuíalo ya a la profundidad de sus misterios, pareciéndome la autoridad de las Escrituras tanto más venerable y digna de la fe sacrosanta cuanto que es accesible a todos los que quieren leerlas, y reserva la dignidad de su secreto bajo un sentido más profundo, y, prestándose a todos con unas palabras clarísimas y un lenguaje humilde, da en qué entender aun a los que no son leves de corazón; por lo que, si recibe a todos en su seno popular, son pocos los que deja pasar hacia ti por sus estrechos agujeros; muchos más, sin embargo, de los que serían si el prestigio de su autoridad no fuera tan excelso o no admitiera a las turbas en el gremio de su santa humildad[5].

Este abrazo que salva y satisface es el abrazo de Dios, que nos ensalza mientras se humilla a sí mismo.

* * *

Miremos una vez más al Evangelio y al Nuevo Testamento. Si la Eucaristía que instituyó Jesús fuera simplemente una comida, el Calvario no sería más que una ejecución romana. Pero si Jesús quiso que la Eucaristía fuera la Pascua de la Nueva Alianza, significa que incluye el sacrificio y la comunión, como en la Pascua del Antiguo Testamento.

Las palabras de la institución confirman que Jesús instituyó la Eucaristía como el sacrificio de la Nueva Alianza. En cuanto

---

[5] San Agustín, *Confesiones* 6, 5.

tal, transforma el Calvario en un sacrificio santo donde consuma la ofrenda de sí mismo que había comenzado en el Cenáculo. Jesús no perdió su vida el Viernes Santo, porque ya la había entregado en el sacrificio de amor celebrado el Jueves Santo. No fue principalmente una víctima inocente de la injusticia y la violencia romanas; fue sobre todo víctima voluntaria del amor y la misericordia de Dios.

Si el Jueves Santo transforma el Viernes Santo de ejecución en sacrificio, cada domingo es una Pascua en la que el sacrificio es transformado en sacramento: el Cuerpo de Cristo es elevado a la gloria y así se comunica a los fieles, hasta el presente. En efecto, la Eucaristía es el mismo sacrificio de la institución de la Eucaristía y de la muerte en el Calvario, solo que ahora su Humanidad Santísima está divinizada y es divinizante, para la vida del mundo (cf. *Jn* 6, 51). Es el sacrificio sacerdotal supremo, que Cristo ofrece en el cielo y en la tierra.

Este sacrificio nos abre a una relación amorosa con Él, con una persona y no con un libro, porque Él es la Alianza. La Alianza es el Señor y por tanto no es un evento del pasado, sino una presencia viva y real. No comprenderemos bien el Nuevo Testamento hasta que nos demos cuenta de que es la Eucaristía. San Jerónimo decía, con frase bien conocida, que «ignorar las Escrituras significa ignorar a Cristo»[6]. Es igualmente cierto que ignorar a Cristo realmente presente en la Eucaristía es ignorar las Escrituras.

Todo sacrificio presupone un acto de fe. A los ojos del mundo, el holocausto de un buey o una cabra no significa más que aceptar una pérdida. Solo un loco podría quererlo por sí mismo. Una persona en su sano juicio entrega cosas de valor cuando le obligan, cuando cree que recibirá algo a cambio, o cuando el amor le inclina a hacerlo.

---

[6] San Jerónimo, *Comentario al profeta Isaías*, 17.

El sacrificio de Cristo es expresión de amor. Jesucristo es Dios y Señor, por lo que no necesita de nada. Carece de sentido pensar que pudiera esperar una recompensa terrena por su muerte. La ofrenda que Jesús hizo en el Cenáculo y en el Calvario pide una respuesta de fe por nuestra parte. En una primera impresión, su muerte parece estar muy lejos de la plenitud, del triunfo y de la gloria. Excepto a los ojos de la fe, parece un fracaso absoluto.

La Eucaristía sigue la misma estructura de la ofrenda de Cristo, de su sufrimiento. A los ojos del mundo, no es más que una hostia y un trago de vino barato. Pero le reservamos los nombres más elevados, como «cena de las bodas del Cordero» o «banquete escatológico». Sobre todo, le llamamos Jesús, y le llamamos Dios.

El cardinal John Wright, que fue Prefecto de la Congregación para el Clero (1969-1979), era también un teólogo de gran sutileza y agudeza. Su presencia resultaba imponente a causa de su corpulencia y de su estatura, que a él le gustaba usar como recurso retórico. En una conversación con seminaristas, llamando la atención sobre la humildad del sacramento, les dijo: «¿Por qué dice todo el mundo que la Misa es un banquete?». Se detuvo y apoyó las manos en la barriga. «¡A mí casi ni me sirve como aperitivo!»

Pero sí, lo que a los ojos terrenos parece estar muy lejos de la plenitud, porque su sabor no parece glorioso, en realidad es el mismo cielo: la Alianza nueva y eterna (cf. *Heb* 13, 20-21).

La Palabra se hizo carne, y habitó entre nosotros, dio su carne como vida nuestra, como banquete de Sabiduría. Estamos viviendo lo que soñaron los profetas y videntes, vivimos la promesa de la Alianza divina, porque recibimos el Pan de los ángeles cada vez que nos alimentamos de la Palabra.

ESTE LIBRO, PUBLICADO POR
EDICIONES RIALP, S. A.,
MANUEL URIBE 13-15, 28033 MADRID,
SE TERMINÓ DE IMPRIMIR EN
ANZOS, S. L., FUENLABRADA (MADRID),
EL DÍA 30 DE ABRIL DE 2024.